做一个理想的法律人
To be a Volljurist

法律人进阶译丛【法学基础】
李 昊/译丛主编

大连海事大学金融法治理论与实务研究中心成果

法律推理

普通法上的法学方法论

Legal Reasoning:
Juridical Methodology
at Common Law

〔美〕梅尔文·A.艾森伯格 /著
（Melvin A. Eisenberg）

孙良国　徐博翰 /译

北京大学出版社
PEKING UNIVERSITY PRESS

著作权合同登记号　图字:01-2025-0448
图书在版编目(CIP)数据

法律推理：普通法上的法学方法论／(美)梅尔文·A.艾森伯格著；孙良国，徐博翰译. -- 北京：北京大学出版社，2025. 1. -- (法律人进阶译丛). -- ISBN 978-7-301-35881-8

Ⅰ．D90-051
中国国家版本馆 CIP 数据核字第 202574LA59 号

This is a simplified Chinese translation of the following title published by Cambridge University Press:
Legal Reasoning (ISBN 978-1-009-16252-4)
© Melvin A. Eisenberg 2022
This simplified Chinese translation for the People's Republic of China (excluding Hong Kong, Macau and Taiwan) is published by arrangement with the Press Syndicate of the University of Cambridge, Cambridge, United Kingdom.
© Peking University Press 2025
This simplified Chinese translation is authorized for sale in the People's Republic of China (excluding Hong Kong, Macau and Taiwan) only. Unauthorised export of this simplified Chinese translation is a violation of the Copyright Act. No part of this publication may be reproduced or distributed by any means, or stored in a database or retrieval system, without the prior written permission of Cambridge University Press and Peking University Press.
Copies of this book sold without a Cambridge University Press sticker on the cover are unauthorized and illegal.
本书封面贴有 Cambridge University Press 防伪标签，无标签者不得销售。

书　　　名	法律推理：普通法上的法学方法论
	FALÜ TUILI：PUTONGFA SHANG DE FAXUE FANGFALUN
著作责任者	〔美〕梅尔文·A.艾森伯格 (Melvin A. Eisenberg) 著
	孙良国　徐博翰　译
丛 书 策 划	陆建华
责 任 编 辑	王　睿　费　悦
标 准 书 号	ISBN 978-7-301-35881-8
出 版 发 行	北京大学出版社
地　　　址	北京市海淀区成府路 205 号　100871
网　　　址	http://www.pup.cn　http://www.yandayuanzhao.com
电 子 邮 箱	编辑部 yandayuanzhao@pup.cn　总编室 zpup@pup.cn
新 浪 微 博	@北京大学出版社　@北大出版社燕大元照法律图书
电　　　话	邮购部 010-62752015　发行部 010-62750672　编辑部 010-62117788
印 刷 者	大厂回族自治县彩虹印刷有限公司
经 销 者	新华书店
	880 毫米×1230 毫米　A5　6.5 印张　120 千字
	2025 年 1 月第 1 版　2025 年 1 月第 1 次印刷
定　　　价	39.00 元

未经许可，不得以任何方式复制或抄袭本书之部分或全部内容。
版权所有，侵权必究
举报电话：010-62752024　电子邮箱：fd@pup.cn
图书如有印装质量问题，请与出版部联系，电话：010-62756370

"法律人进阶译丛"编委会

主　编

李　昊

编委会

（按姓氏音序排列）

班天可	陈大创	季红明	蒋　毅	李　俊
李世刚	刘　颖	陆建华	马强伟	申柳华
孙新宽	唐波涛	唐志威	吴逸越	夏昊晗
徐文海	叶周侠	查云飞	翟远见	张焕然
	张　静	张　挺	章　程	

做一个理想的法律人（代译丛序）

近代中国的法学启蒙受自日本，而源于欧陆。无论是法律术语的移植、法典编纂的体例，还是法学教科书的撰写，都烙上了西方法学的深刻印记。即使是中华人民共和国成立后兴盛过一段时期的苏俄法学，从概念到体系仍无法脱离西方法学的根基。20世纪70年代末，借助我国台湾地区法律书籍的影印及后续的引入，以及诸多西方法学著作的大规模译介，我国大陆重启的法制进程进一步受到西方法学的深刻影响。当代中国的法律体系可谓奠基于西方法学的概念和体系之上。

自20世纪90年代开始的大规模的法律译介，无论是江平先生挂帅的"外国法律文库""美国法律文库"，抑或舒国滢先生等领衔的"西方法哲学文库"，以及北京大学出版社的"世界法学译丛"、上海人民出版社的"世界法学名著译丛"，诸多种种，均注重于西方法哲学思想尤其英美法学的引入，自有启蒙之功效。不过，或许囿于当时西欧小语种法律人才的稀缺，这些译丛相对忽略了以法律概念和体系建构见长的欧陆法学。弥补这一缺憾的重要转变，应当说始自米健教授主持的"当代德国法学名著"丛书和吴越教授主持的"德国法学教科书译丛"。以梅迪库斯教授的《德国民法总论》为开篇,德国法学擅长的体系建构之术和鞭辟入里的教义分析方法进入我国大陆法学的视野,辅以崇尚德国法学的我国台湾地区法学教科书和专著的引入,德国法学在我国大陆当前的法学教育和法学研究中日益受到尊崇。然而,"当代德国法学名著"丛书虽然遴选了德国当代法学著述中的上乘之作,但囿于撷取名著的局限及外国专家的视角,丛书采用了学科分类的标准,而未区分注重体系层次的基础教科书与偏重思辨分析的学术专著,与戛然而止的"德国法学教科书译丛"一样,在基础教科书书目的选择上尚未能充分体现当代德国法学教育的整体面貌,是为缺憾。

职是之故,自2009年始,我在中国人民大学出版社策划了现今的"外国法学教科书精品译丛",自2012年出版的德国畅销的布洛克斯和瓦尔克的《德国民法总论(第33版)》始,相继推出了韦斯特曼的《德国民法基本概念(第16版)(增订版)》、罗歇尔德斯的《德国债法总论(第7版)》、多伊奇和阿伦斯的《德国侵权法(第5版)》、慕斯拉克和豪的《德国民法概论(第14版)》,并将继续推出一系列德国主流的教科书,涵盖了德国民商法的大部分领域。该译丛最初计划完整选取德国、法国、意大利、日本诸国的民商法基础教科书,以反映当今世界大陆法系主要国家的民商法教学的全貌,可惜译者人才梯队不足,目前仅纳入"日本侵权行为法"和"日本民法的争点"两个选题。

系统译介民商法之外的体系教科书的愿望在结识季红明、查云飞、蒋毅、陈大创、葛平亮、夏昊晗等诸多留德小友后得以实现,而凝聚之力源自对"法律人共同体"的共同推崇,以及对案例教学的热爱。德国法学教育最值得我国法学教育借鉴之处,当首推其"完全法律人"的培养理念,以及建立在法教义学基础上的以案例研习为主要内容的教学模式。这种法学教育模式将所学用于实践,在民法、公法和刑法三大领域通过模拟的案例分析培养学生体系化的法律思维方式,并体现在德国第一次国家司法考试中,进而借助于第二次国家司法考试之前的法律实训,使学生能够贯通理论和实践,形成稳定的"法律人共同体"。德国国际合作机构(GIZ)和国家法官学院合著的《法律适用方法》(涉及刑法、合同法、物权法、侵权法、劳动合同法、公司法、知识产权法等领域,由中国法制出版社出版)即是德国案例分析方法中国化的一种尝试。

基于共同创业的驱动,我们相继组建了中德法教义学QQ群,推出了"中德法教义学苑"微信公众号,并在《北航法律评论》2015年第1辑策划了"法教义学与法学教育"专题,发表了我们共同的行动纲领:《实践指向的法律人教育与案例分析——比较、反思、行动》(季红明、蒋毅、查云飞执笔)。2015年暑期,在谢立斌院长的积极推动下,中国政法大学中德法学院与德国国际合作机构法律咨询项目合作,邀请民法、公法和刑法三个领域的德国教授授课,成功地举办了第一届"德国法案例分析暑期班"并延续至今。2016年暑期,季红明和夏昊晗也积极策划并参与了由西南政法大学黄家镇副教授牵头、民商法学院举办的"请求权基础案例分析法暑期研习班"。2017年暑期,加盟中南财经政法大学法学院的"中德法教义学苑"团队,成功举办了"案例分析暑期培训班",系统地在民法、公法和刑法三个领域以德国的鉴定式模式开展了案例分析教学。

中国法治的昌明端赖高素质法律人才的培养。如中国诸多深耕法学教育的启蒙者所认识的那样,理想的法学教育应当能够实现法科生法律知识的体系化,培养其运用法律技能解决实践问题的能力。基于对德国奠基于法教义学基础上的法学教育模式的赞同,本译丛期望通过德国基础法学教程尤其是案例研习方法的系统引入,能够循序渐进地从大学阶段培养法科学生的法律思维,训练其法律适用的技能,因此取名"法律人进阶译丛"。

本译丛从法律人培养的阶段划分入手,细分为五个子系列:

——法学启蒙。本子系列主要引介关于法律学习方法的工具书,旨在引导学生有效地进行法学入门学习,成为一名合格的法科生,并对未来的法律职场有一个初步的认识。

——法学基础。本子系列对应于德国法学教育的基础阶段,注重民法、刑法、公法三大部门法基础教程的引入,让学生在三大部门法领域中能够建立起系统的知识体系,同时也注重扩大学生在法理学、法律史和法学方法等基础学科上的知识储备。

——法学拓展。本子系列对应于德国法学教育的重点阶段，旨在让学生能够在三大部门法的基础上对法学的交叉领域和前沿领域，诸如诉讼法、公司法、劳动法、医疗法、网络法、工程法、金融法、欧盟法、比较法等有进一步的知识拓展。

——案例研习。本子系列与法学基础和法学拓展子系列相配套，通过引入德国的鉴定式案例分析方法，引导学生运用基础的法学知识，解决模拟案例，由此养成良好的法律思维模式，为步入法律职场奠定基础。

——经典阅读。本子系列着重遴选法学领域的经典著作和大型教科书（Grosse Lehrbücher），旨在培养学生深入思考法学基本问题及辨法析理之能力。

我们希望本译丛能够为中国未来法学教育的转型提供一种可行的思路，期冀更多法律人共同参与，培养具有严谨法律思维和较强法律适用能力的新一代法律人，建构法律人共同体。

虽然本译丛先期以择取的德国法学教程和著述为代表，但是并不以德国法独尊，而是注重以全球化的视角，实现对主要法治国家法律基础教科书和经典著作的系统引入，包括日本法、意大利法、法国法、荷兰法、英美法等，使之能够在同一舞台上进行自我展示和竞争。这也是引介本译丛的另一个初衷：通过不同法系的比较，取法各家，吸其所长。也希望借助于本译丛的出版，展示近二十年来中国留学海外的法学人才梯队的更新，并借助于新生力量，在既有译丛积累的丰富经验基础上，逐步实现对外国法专有术语译法的相对统一。

本译丛的开启和推动离不开诸多青年法律人的共同努力，在这个翻译难以纳入学术评价体系的时代，没有诸多富有热情的年轻译者的加入和投入，译丛自然无法顺利完成。在此，要特别感谢积极参与本译丛策划的诸位年轻学友和才俊，他们是：留德的季红明、查云飞、蒋毅、陈大创、黄河、葛平亮、杜如益、王剑一、申柳华、薛启明、曾见、姜龙、朱军、汤葆青、刘志阳、杜志浩、金健、胡强芝、孙文、唐志威，留日的王冷然、张挺、班天可、章程、徐文海、王融擎，留意的翟远见、李俊、肖俊、张晓勇，留法的李世刚、金伏海、刘骏，留荷的张静，等等。还要特别感谢德国奥格斯堡大学法学院的托马斯·M.J.默勒斯（Thomas M. J. Möllers）教授慨然应允并资助其著作的出版。

本译丛的出版还要感谢北京大学出版社学科副总编辑蒋浩先生和策划编辑陆建华先生，没有他们的大力支持和努力，本译丛众多选题的通过和版权的取得将无法达成。同时，本译丛部分图书得到中南财经政法大学法学院徐涤宇院长大力资助。

回顾日本的法治发展路径，在系统引介西方法律的法典化进程之后，将是一个立足于本土化、将理论与实务相结合的新时代。在这个时代中，中国法律人不仅需要怀抱法治理想，还需要具备专业化的法律实践能力，能够直面本土问题，发挥专业素养,推动中国的法治实践。这也是中国未来的"法律人共同体"面临的历史重任。本译丛能预此大流,当幸甚焉。

李　昊

2018 年 12 月

译者序

　　《法律推理:普通法上的法学方法论》是卓越法学家、加州大学伯克利分校法学院梅尔文·A.艾森伯格教授新近出版的一部学术著作。该作品于2022年由剑桥大学出版社出版。译者翻译这部作品主要有以下三点原因:第一,包括译者在内的法科学生的内在兴趣。任何一个法科学生都对法律推理有着天然的好奇,而且在既有的法律学术生涯,以及既有的司法实务生涯中,都对该问题有着或深或浅的思考。在理论和实务中,这一问题在每一个案件、每一种情况下都以直接或者间接的方式存在,而且在诸多情况下,我们都很难获得一种非常清晰的理性认识。第二,这是一部独特的著作。当译者第一次看到这本书的早期草稿的时候,尤其是看到这一本薄册子的时候,译者就被这本书的内容所吸引,并且认为这是一本非常独特的书。这本书原著只有100余页,在既有的洋洋洒洒动辄数百页的法律推理的著作中,这显得有点独树一帜。当然,这里的"独树一帜"不仅仅反映在页码上,更主要的是在这本100余页的小册子中,涵盖了我们所需要了解的几乎全部重要内容。本书是对关于普通法的法律推理的一个全景式的、简洁的、精准的描述。尤其是,这100余页内容的精炼程度令人叹为观止。第三,众所周知,艾森伯格教授不仅仅是世界范围内优秀的合同法专家,还是优秀的公司法专家和法理学家。他不但对合同法学、公司法学有深厚的知识储备并积极推进知识创新,而且对法律问题的讨论有深刻的法理学基础。他不仅掌握了丰富的案例,还能够从案例中洞察深刻的法学原理。这与部分权威法学理论家有较大不同。因此,当一个推理方法出现的时候,艾森伯格教授信手拈来就可以举出一个恰如其分的案例。如果没有相应的案例作为支撑,或者作为支撑的典型场景只是单纯的空想,或者在理想中出现的这样一个推理方式,那么它的意义就可能存疑。

  法律推理一直都是法学方法论的核心内容之一。尽管美国普通法并没有像德国法那样有那么丰富的直接被称为法学方法论的学术著作,但是关于普通法上的法律推理的研究也非常多彩和深刻。为了使我国读者能够更为清晰地掌握这个主题,译者增加了一个副标题,即"普通法上的法学方法论"。法律推理为法科学生、法学学者、司法实务从业者提供了重要的、不可或缺的材料。艾森伯格教授以坚实的法学理论基础和涉猎多领域的部门法学著称,其对法学原理的概括有合同法学和公司法学案例的支撑,法律推理的知识都已经在不同的场景中具体化,这种场景避免了从抽象到抽象的简单过程,也避免了只是单纯的法律推理而缺乏现实场景支撑的局面。既有的法律推理的书籍往往对理论基础阐释非常多,以及对原理本身的阐释比较多，而恰当的案例及精妙的分析比较少。而这本小册子能够将法律原理与案例场景进行完美结合。当然，艾森伯格教授的一项非常重要的能力在于他独有的洞察力。在译者个人看来，艾森伯格教授之所以在美国普通法尤其是普通合同法上能够做出如此大的历史贡献，在很大程度上是因为他有非凡的洞察力以及判断力。正如他在这本书中所言，好的法官有好的判断力，而伟大的法官有无与伦比的判断力，那么我们借用这句话，也可以说，好的学者有好的洞察力，而伟大的学者有无与伦比的洞察力。

下面译者举几个例子来说明艾森伯格教授的洞察力和判断力。艾森伯格教授鲜明地认为，普通法上的法律推理的本质是规则推理，即以规则为基础的推理。这一命题极具洞察力和冲击力，主要体现为艾森伯格教授从既有的案例中总结出，美国法官采用的推理即是以规则为基础的。这一点之所以可贵，主要是因为既有的大量法律推理的书籍都是以案例为基础的，但是又没有学者指出以案例为基础是什么意思，而我们通过这样一个深刻的洞察也可以推知，普通法推理和大陆法推理的本质是相同的，并非截然相反或者截然不同。当然，这一点也意味着，我们都应当特别重视规则的研究，即使是研究案例也必须重视案例形成的规则本身。这一深刻洞察胜过很多法理学家的法律推理作品。当然，这也校正了包括译者在内的诸多学生对普通法上的法律推理的一个不当或者错误认知。

即使在美国法上，有很多的法律理论家都认为美国法的推理以类比推理为基础。艾森伯格教授的好朋友——艾奥瓦大学法学院的史蒂文·J.伯顿（Steven J. Burton）教授也是如此理解的。然而，艾森伯格教授准确地观察到类比推理在美国普通法上并没有那么普遍，也没有那么重要。而且非常有意思的是，既有的论断基本上没有举出非常有说服力的案例或者恰如其分的案例。为什么呢？艾森伯格教授通过对案例的考察和经验总结，对法律推理进行深刻理解。这也就是让我们去重新反思，在我国的现行法上是否也存在相同和相似的现象。在我国我们可能经常用"参照"这个概念。然而，这里的"参照"在很多情况下可能意味着类比推理。基于上述命题，我们是否也可以推论，在很多甚或绝大多数运用"参照"的推理中，实质上也是以规则为基础的，而不是类比推理。因此，这样一个命题能够改变我们对普通法的理解偏差，澄清普通上的法律推理的基本要素，避免陷入错误的泥潭。

同时，基于对普通法上的法律推理的理解，艾森伯格教授对什么是先例、什么是遵循先例等基础概念进行了非常好的理论梳理和概括。他指出，根据遵循先例原则，先例是指由上级法院或者审理法院自身裁判的先前案例，当法院裁判一个由先例建立的规则规范的案件时，审理法院必须适用该规则。那么一个随之而来的问题是，什么是先例确定的规则呢？普通法主要由先例建立的规则构成，那么如何确定先例建立了什么规则呢？答案是，先例建立的规则是法院表述的可以规范当前案件的规则。当然,从一个完整的普通法的理论来看,普通法推理还必须关注权威却无法律约束力规则的意义。在这一点上,大陆法的推理与普通法的推理,尤其是我国法律上的推理与普通法的推理有相当的本质性区别。法院遵从权威却无法律约束力的规则,并不是经过详细考虑之后认为该规则是最佳可能的规则,而是该规则在法院尊重的诸如著名法学论著的渊源中被采用了。在理论层面,这就为法学学术与司法裁判的有效衔接提供了充分的渠道。但是我们也需要非常清晰地认识到,这种状况已经发生了很大的变化,主要在于学术圈与法官职业中的背离趋势,两者有不同的发展路径和评价标准。现在很难找出能够明显影响法院裁判的法学家了,也很难出现对法学学术有重大影响力的法官了。

当然,一切都在改变,无论路有多长,最终都要回到正道上来。理论的魅力永恒存在,好的理论会照亮前进的正确方向。

孙良国
2024 年 11 月 6 日

本书简介

　　普通法是法官造法,是由规范个人之间诸如合同和侵权(私人不当行为的法律)关系的规则构成的。法律推理是解释和分析法院在制定和适用普通法规则时使用的推理方法。这些方法包括:基于有约束力先例(约束审理法院的以前的案例)进行推理;基于诸如主要论著等权威却无约束力的渊源进行推理;类比推理;基于道德、政策和经验命题进行推理;创设例外;作出区分;以及推翻先例。本书进一步检视和解释了逻辑、演绎和好的判断力(good judgement)在法律推理中的地位。本书通俗易懂而且充分描述了案例,因此对任何希望实际掌握法律推理的人来说,本书都是不可多得的。

　　梅尔文·A.艾森伯格现在是加州大学伯克利分校法学院的杰西·H.乔珀荣休教授(Jesse H. Choper Professor of Law Emeritus)。他是卓有影响力的《普通法的本质》[1]以及《合同法基础原理》[2]的作者。

---

　　[1]　参见[美]梅尔文·A.艾森伯格:《普通法的本质》,张曙光、张小平、张含光等译,法律出版社2004年版。
　　[2]　参见[美]梅尔文·A.艾森伯格:《合同法基础原理》,孙良国、王怡聪译,北京大学出版社2023年版。

前 言

　　前言提供了本书所有章节的概况。
　　第一章是普通法简论。最发达经济体存在两个法律制度：普通法和大陆法。在大陆法系中，法律存在于制定法、行政命令，以及将债务法、财产法和家庭法法典化的民法典中。在普通法系中，关于诸如政府组织事务的公法，是由立法机关和行政机构制定的，而诸如个人之间关系的私法，大部分是由法院制定的。本书的目的是解释和分析普通法中的法律推理。
　　第二章是基于规则的法律推理。普通法法院有两个功能：根据法律规则解决纠纷以及制定法律规则。普通法规则是由法院建立的相对比较具体的法律规范，该法律规范要求行为人以特定方式作为或者不作为，允许或者禁止特定类型的交易（如合同）和诸如遗嘱等处分，或者规定了对特定不当行为的救济。普通法推理几乎完全是基于规则的，即基于规则适用于待裁判的案件事实。普通法推理有时但并不经常基于待裁判的案件与以前案例的类比，且几乎从不基于待裁判的案件与先前案例的相似性。

第三章是先例推理与遵循先例原则。普通法中基于规则的推理的基础是遵循先例原则，遵循先例（是一个拉丁语词汇），意指遵守已决之事。根据遵循先例原则，先例是指由上级法院或者审理法院自身裁判的先前案例，当法院裁判一个由先例建立的规则规范的案件时，审理法院必须适用该规则，但也会受到遵循先例原则的限制。该原则存在诸多限制，最重要的限制是，在大多数普通法领域，如果先例建立的规则实质上与社会道德和社会政策不一致，那么法院能够而且经常会推翻先例。

第四章是如何确定先例建立了什么规则。普通法主要由先例建立的规则构成，那么如何确定先例建立了什么规则呢？答案是，先例建立的规则是，法院表述的可规范目前案件的规则。此规则被称为裁决（holding）。先例关于法律而非裁决的表述被称为附带意见（dicta）。裁决建立了有约束力的法律规则。附带意见没有约束力但它们经常会产生影响。

第五章是基于权威却无法律约束力规则的推理。普通法推理中最突出类型的规则，是有法律约束力先例建立的规则。除此以外最突出的是权威却无法律约束力的规则。法院之所以遵从权威却无法律约束力的规则，并不是因为经过详细考虑之后认为该规则是最佳可能的规则，而是因为该规则在法院尊重的诸如著名法学论著的渊源中被采用了。

第六章是道德、政策与经验命题在法律推理中的地位以及基于社会命题的新法律规则的司法采纳。普通法基于规则命题和社会命题。规则命题(doctrinal propositions)是这样一些命题：它们意在表述法律规则，而且可以在法官、律师、法学学者等法律职业群体表述法律原理的渊源中被找到。社会命题是道德政策和经验命题。这两种类型的命题发挥着不同的作用。规则命题是法律规则，而社会命题是法律规则的理由。普通法推理考虑的道德命题是社会命题或者传统道德命题，即植根于整体的社群愿望而且获得社群的实质支撑，或者在没有明确支撑时，能够被公平地相信，如果社群提出所涉的政策问题，社群就会提供此种支撑。

第七章是法律规则、法律原则与法律标准。法律规范可以被分为规则、原则和标准。法律规则是相对具体的法律规范，这些法律规范要求以特定的方式作为或者不作为，允许或者禁止特定的安排或者处分，或者特别规定对不当行为的救济。法律原则是相对一般性的法律规范。法律标准有几种法律形式，一种形式是一般性的法律规范。此种形式与法律原则没有重要的不同。最重要类型的法律标准由一些在采纳时不可直接适用的法律规则构成，因为这些规则通常需要诸如行政机构的进一步阐明，或者就规则应当被阐明的方式需要更多的专家意见和信息。

第八章是普通法规则的延展性。法律规则要么具有教规性，要么具有延展性。教规性规则是固定的，它不能以不同的形式表达，不会变化，而且也不能有例外。制定法是教规性规则的主要形式。相比而言，延展性规则能够以不同方式表达，可以变化,也可以有例外。普通法规则就是延展性规则的主要形式。它们可以不同形式表达,可以变化,而且也可以有例外。

第九章是从已建立法律规则中分离出新法律规则,创设已建立规则的例外以及作出区分。法院在面对既有的表面上可规范目前案件的普通法规则时,有如下几个选择。法院可以而且通常会适用既有规则。法院也会创设该规则的例外。例外可分为几种类型:它们可能基于事实,即基于既有规则的事实和待裁判案件的事实之间的不同;它们可能基于规则,即基于表面可适用于待裁判案件的既有规则,在经过详细检视后得出了不能适用的结论;它们可能基于社会,即基于构成既有规则潜在基础的社会命题并不适用于待裁判案件的结论,或者待裁判案件涉及并不适用于既有规则之社会命题的结论;它们可能基于构成每个案件潜在基础的社会命题的不同,而将待裁判的案件与既有规则区分开来;它们也可以分离出一个新规则来规范既有规则适用的亚类型案件。在此种亚类型的案件中,既有规则和分离出的规则并列。最后,法院也可以推翻既有规则。

第十章是类比法律推理。法院偶尔会不基于规则进行推理,而进行类比推理。在法律之外的多数领域,类比推理基于具体事务状态或者事实状态的特点与新的事务状态或者事实状态的特点之间的相似性。然而,法律不基于这些特点,而是基于规则。因此,当法院进行类比推理时,类比的通常是规则而非相似情况。在基于规则的类比推理中,法院从文义上不适用于待裁判案件的既有规则,将该规则延伸以涵盖待裁判的案件,理由是作为一个涉及社会命题的问题,既有规则和待裁判的案件不能被合理地区分开。法院极少进行类比推理,原因在于既有规则能规范待裁判的案件而且普通法有丰富的既有规则,此时法院不会进行类比推理。

第十一章是逻辑、演绎与好的判断力在法律推理中的作用。尽管存在很多形式逻辑学派,但是在法律上,"逻辑"一词通常用来指合理的推理,而非指满足了形式逻辑标准的推理。演绎是一种必然从已知前提中得出结论的推理程序。演绎通常采取三段论的形式。三段论的构成是:一般陈述,也被称为大前提(正如所有人都必有一死);具体陈述,也被称为小前提(正如苏格拉底是人);一个必然从这两个前提中得出的结论(正如苏格拉底也必有一死)。但是正如伟大的英国法哲学家哈特指出的,"无数代人都奉为人类完美推理的演绎推理,并不能作为样本……因为法院要将案件涵摄在一般规则下"。与形式逻辑和演绎相比,好的判断力(good judgement)是法律推理的重要因素。好的判断力是这样一种能力,基于既有规则和原则而作出合理且坚实的决定,以及对如何推进共同善(common good)有宽广视野和理解。好法官有好的判断力,伟大的法官有无与伦比的判断力。

第十二章是基于假设的推理。本章分析了假设推理。"假设"一词是指推定的而非实际的事实。"假设推理"一词几乎在法律的各个领域中都得以使用,如裁判、口头辩论以及法学院的教学。第十二章探索而且阐明了普通法中假设推理的形式。在最重要的形式中,法院采用了假设推理,从更宽广视角出发看待待裁判的案件,进而帮助裁判。

　　第十三章是推翻先例。本章关注法院推翻——废除——有约束先例中的规则。推翻先例可以是明确的也可以是默示的。明确的推翻发生在如下情况中,即法院明确地推翻了既有规则而且用相反的规则予以取代。默示的推翻发生在如下情况中,即法院废止了一个规则但并不如此宣称。乍看起来,推翻与遵循先例原则不一致。事实上并非如此,因为遵循先例也有数个例外,最重要的例外是,如果先例建立的规则与社会命题有重大不一致,先例就能够被推翻。此外,推翻本身也受如下原则的规范,即如果一个普通法规则与社会命题有重大不一致,与其他合理规则不一致,充满了不一致的例外,或者明显不公平或者不公正,而且推翻该规则的价值超过了保留它的价值,那么该规则就应当被推翻。

目 录

第一章　普通法简论 …………………………………… 1

第二章　基于规则的法律推理 ………………………… 5

第三章　先例推理与遵循先例原则 …………………… 17

第四章　如何确定先例建立了什么规则 ……………… 33

第五章　基于权威却无法律约束力规则的推理 ……… 47

第六章　道德、政策与经验命题在法律推理中
　　　　的地位以及基于社会命题的新法律规
　　　　则的司法采纳 ………………………………… 57

第七章　法律规则、法律原则与法律标准 …………… 83

第八章　普通法规则的延展性 ………………………… 89

第九章　从已建立法律规则中分离出新法律规则，
　　　　创设已建立规则的例外以及作出区分 ……… 99

第十章　类比法律推理 ………………………………… 113

第十一章　逻辑、演绎与好的判断力在法律推理

　　　　　中的作用 ·· 119

第十二章　基于假设的推理 ································ 125

第十三章　推翻先例 ·· 135

索　引 ·· 151

致　谢 ·· 175

第一章

普通法简论

在最发达经济体中主要存在两种法律制度:普通法和大陆法。本书的目的是考虑、解释和分析普通法,特别是美国普通法中的法律推理。

法律可以被概念化为一系列二元类型。其中一个系列是公法和私法。公法涉及如下问题:政府组织、政府部门之间的关系,以及其他诸如行政法、税法、刑法以及政府与政府之间的关系。私法涉及以下问题:个人之间的关系、个人与私人机构之间的关系、个人和私人机构之间的权利义务。

第二个系列是普通法系和大陆法系。[1] 在大陆法系中,公法大部分存在于制定法以及行政法规中,而私法主要存在于将债务法、财产法与家庭法法典化的民法典中。相比而言,

---

[1] 普通法系在如下国家实施:英国,美国,像美国一样诸如澳大利亚、新西兰和加拿大(除了魁北克)以及始于英国殖民地的国家,以及与英国有关联的其他国家。大陆法系在如下国家有效:多数或者所有的欧洲、南美洲以及中美洲国家,以及多数亚洲和撒哈拉以南国家。除了大陆法和普通法,一些发达经济体包括有宗教的或者混合的法。宗教制度包括印度法、伊斯兰法或者伊斯兰教法。混合法系同时结合了大陆法和普通法或者大陆法和宗教法。See Vernon Valentine Parker, *Mixed Legal Systems—The Origin of the Species*, 28 TUL. EUR. & CIV. L. F. 103, 103-04 (2013).

2　　在普通法系中,特别是在美国普通法中,公法主要由立法机关和行政机构制定,而私法主要由法院以先例,即司法判决的形式制定(普通法系与大陆法系之间有一些趋同,主要表现为在一些大陆法法域中先例的重要性不断增加[2],但是在两个法系之间依然有一些根本的不同,即在普通法中,上诉法院作出的单一先例就是法律,而在大陆法中,它就不是法律)。

美国私法主要由法院制定的原因是,复杂的社会需要大量的私法以促进私人规划、塑造私人行为、促进私人纠纷的和解,而美国立法机关系统地制定私法的能力是有限的。

其一,立法时间是有限的,而且多数立法时间都被投入公法。

其二,美国立法机关没有充分的人力以便更广泛地履行制定私法的职能。举例来说,当美国立法机关通常颁布私法性质的法律时,它们并不起草该法律,反而会采纳非政府机构提议的立法,如美国法学会[American Law Institute(ALI)]、美国律师协会[American Bar Association(ABA)],或者统一法律

---

[2]　罗伯特·亚历克西和拉尔夫·德赖尔报告说,在德国联邦最高法院中有95%或更多案件引用了判例,但补充说,"法院的法理(这里指法律)并不将判例视作独立于制定法和习惯的法律渊源"。Robert Alexy & Ralf Dreier, *Precedent in the Federal Republic of Germany*, in INTERPRETING PRECEDENTS: A COMPARATIVE STUDY 17, 23, 26-27, 32 (D. Neil MacCormick & Robert S. Summers eds., 1997).在法国,"'先例'一词从来不意味着有约束力的判决,因为法院从来不受先例的约束"。Michel Troper & Christophe Grezegorczyk, *Precedent in France*, in INTERPRETING PRECEDENTS, supra, 103, at 111. 在一些民法典法域,判例可能会发挥重要作用,在相关法典没有提供规则或只规定了非常抽象的规则的情况下,法院可能会用一系列先例来填补。

委员会(Uniform Laws Commission)。例如,很多州的公司法的制定法都以美国律师协会的一个委员会起草的《模范商事公司法》为基础。其他重要的包括《统一商法典》(Uniform Commercial Code)在内的制定法,均直接取自统一法律委员会提议的立法或者该委员会与美国法学会共同提议的立法。

由于需要大量的私法且美国立法机关不能满足该需要,多数美国私法就只能由法院制定了。相应地,普通法法院,特别是美国普通法法院主要有两个功能:解决纠纷和制定法律。宾夕法尼亚州最高法院判决的丘克诉米卡洛斯库斯案(Cukor v. Mikalauskus)[3],就是司法造法的一个很好的例子。公司董事、高管、控股股东不太可能因为自己的不当行为而起诉自己。因此,法院发展了该规则,即股东有权力针对董事、高管和控股股东提起不当行为救济的衍生诉讼(股东代表公司提起的诉讼)。然而,法院也对该权力进行了限制。一个限制是,除了某些例外,想提起衍生诉讼的股东必须首先要求董事会代表公司提起诉讼。在上述丘克案中,PECO 能源公司的股东以实施不当行为为由对 PECO 能源公司的董事和高管提起衍生诉讼,而 PECO 能源公司的董事会基于一个特殊诉讼委员会的报告向法院申请终止该诉讼,该报告认为诉讼不符合公司的最佳利益。为解决丘克案,宾夕法尼亚州最高法院制定了很多适用于宾夕法尼亚州的新法律规则。法院认为:

---

[3] 692 A. 2d 1042 (Pa. 1997).

适用于衍生诉讼的考量和程序都包含于美国法学会《公司治理原则》(the ALI Principles of Corporate Covernance)第七部分第一章中……这一章规定了解决股东衍生诉讼的全面机制。其中很多规定都影响了法院诉讼。第7.02条(资格),第7.03条(请求规则),第7.04条(衍生诉讼的程序),第7.05条(衍生诉讼中的董事会权限),第7.06条(衍生诉讼的司法中止),第7.07条,第7.08条和第7.09条(衍生诉讼的驳回),第7.10条(司法审查的标准),以及第7.13条(司法程序)特别适用于本案。这些条文设定了一些指引,这些指引与宾夕法尼亚州法律和先例相一致,推进了商事判断规则中的内在政策,而且也为初审法院控制本诉讼程序规定了具体特定的指引。

我们特别采纳了……美国法学会的《公司治理原则》中的特定条文(作为宾夕法尼亚州的法律)……[4]

丘克诉米卡洛斯库斯案是司法造法的一个例子。更为重要的是,美国私法领域(诸如合同法、侵权法和财产法)主要是法官造法。

---

[4] Id. at 1048-49. 对那些并非法律职业群体成员(法官、实务律师和法律学者)的读者而言,美国法学会由该职业共同体中被选出来的接近4000名成员组成。它的目标是推进法律的清晰和简化,以及更好地适应社会需求。美国法学会主要通过采纳和出版不同法律分支的重述来实现该目标。重述的理论基础是,美国法学会有义务审慎地权衡法院认为经过正确考虑的所有因素。大部分公司治理原则是该领域法律的重述。其设定了适用于包括衍生诉讼在内的公司治理的法律规则。

第二章

基于规则的法律推理

普通法法院有两个功能:根据法律规则解决纠纷以及制定法律规则。普通法规则是由法院建立的相对具体的法律规范,这些法律规范要求行为人以规定方式作为或者不作为,允许或者禁止特定类型的安排(诸如合同)或者处分(诸如遗嘱),或者为指定的行为规定救济。普通法上的推理几乎完全是基于规则的,即基于规则审判待裁判案件。

埃尔南德斯诉哈蒙德住宅公司案(Hernandez v. Hammond Homes, Ltd)[1],是基于规则推理的典型例子。哈蒙德住宅公司从事建房子的生意。该公司雇佣了费利克斯·布里托(Felix Brito),布里托是一个房顶承包商,在该公司建的房子上安装房顶。埃尔南德斯是布里托的房顶工人。在哈蒙德公司的房顶工作时,埃尔南德斯从梯子上走下来。不巧的是,梯子滑下来了,埃尔南德斯跌落下来并因此而瘫痪。埃尔南德斯基于场所责任和过失而起诉哈蒙德公司。哈蒙德公司申请简易判决,理由是其对埃尔南德斯没有任何义务,因为埃尔南德斯

---

[1] 345 S. W. 2d 150 (Ct. App. Tex. 2011).

是独立承包人的雇员,哈蒙德公司对埃尔南德斯受伤相关的房顶活动没有任何控制权。初审法院作出了对哈蒙德公司有利的简易判决。得克萨斯州上诉法院(The Texas Court of Appeals)基于一系列有约束力先例建立的规则维持原判。下文是判决观点的摘录,插入的括号标示出了法院采用的法律规则:

[1]一般而言,独立承包商的雇主没有确保独立承包商以安全方式工作的义务。*Gen. Elec. Co. v. Moritz*, 257 S. W. 3d 211, 214 (Tex. 2008); *Redinger v. Living, Inc.*, 689 S. W. 2d 415, 418 (Tex. 1985)。[2]然而,"保留控制承包商工作的权利的人,应对该权利行使过程中的过失承担责任"。*Moritz*, 257 S. W. 3d at 214; see *Redinger*, 689 S. W. 2d at 418[采纳了《侵权法重述》(第二次)第414条(1965)]。[3]想要施加责任,"雇主的地位必须超越了一般性权利而能命令开始和停止工作、监督过程或者接受报告"。*Dow Chem. Co. v. Bright*, 89 S. W. 3d 602, 606 (Tex. 2002)……[4]要产生此种义务,其所控制的必须是关于独立承包商完成工作的方式。*Lee Lewis Constr., Inc. v. Harrison*, 70 S. W. 3d 778, 783 (Tex. 2001)。[5]雇主的义务"符合其所保留的对独立承包商工作的一般性控制"。Id. [6]另外,"保留或者行使的监督控制必须与实际产生伤害的活动相关"。*Coastal Marine Serv. of Tex., Inc. v. Lawrence*, 988 S. W. 2d 223, 226 (Tex. 1999) (per curiam). See *Moritz*, 257 S. W. 3d at 215; *Hagins v. E-Z Mart Stores, Inc.*,

128 S. W. 3d 383, 388-89 (Tex. App. -Texarkana 2004, no pet.).
[7]当事人能够以两种方式证明控制权:第一,证明存在明确将控制权转让给雇主的合同协议;第二,在没有合同协议时,证明雇主实际上对独立承包商完成工作的方式施加了控制。*Dow Chem. Co.*, 89 S. W. 3d at 606; *Coastal Marine Serv.*, 988 S. W. 2d at 226. [8]如果通过书面合同将控制权转让给雇主,那么原告就不需要证明实际上行使了该控制来设定此种义务。*See Pollardv. Mo. Pac. R. R. Co.*, 759 S.W.2d 670, 670 (Tex. 1988) (percuriam).[9]但是,如果合同没有明确将工作方式的控制权分配给雇主,那么原告必须提供雇主实际行使控制权的证据。*See Dow Chem. Co.*, 89 S. W. 3d at 606; Hagins, 128 S. W. 3d at 388-89. 在本案中,(哈蒙德公司和布里托之间)并没有书面合同……而且证据也没有就哈蒙德公司对布里托完成工作实际上进行了控制的重要事实提出真正的争议。

类比法律推理

一些评论家认为,普通法中的推理是基于类比而非基于规则的。例如,劳埃德·温因雷布(Lloyd Weinreb)就认为,"法律推理的独特之处是,它依赖类比"。[2] 埃米莉·舍温

---

[2] LLOYD WEINREB, LEGAL REASON: THE USE OF ANALOGY IN LEGAL ARGUMENT 4 (2d ed. 2016).

(Emily Sherwin)认为,"根据传统理解,法院进行特殊形式的法律推理——类比推理"。[3] 斯科特·布鲁尔(Scott Brewer)主张:"法律论辩经常结合'类比推理';事实上,如果隐喻(metaphor)是语言的梦工厂,那么类比就是法学家的妙计。"[4] 卡斯·桑斯坦(Cass Sunstein)主张,"很多法律推理是类比性的……类比推理普遍存在于法律中"。[5] 杰拉尔德·波斯特玛(Gerald Postema)主张,"普通法学科的独特技术是类比思考"。[6]

这些主张是不正确的,普通法法院极少进行类比推理。我的这一命题基于三种数据:积极数据、消极数据、实验数据。

积极数据源自我所阅读的数千个普通法案例。这些案例很少进行类比推理。

消极数据包括,那些主张法律推理是类比推理的评论家相对较少援引案例。这些评论家中只有一位援引案例来支持他们的主张,而且那位评论家只援引了一个案例。如果这些

---

〔3〕 Emily Sherwin, *A Defense of Analogical Reasoning in Law*, 66 U. CHI. L. REV. 1178, 1179-80 (1999).

〔4〕 Scott Brewer, *Exemplary Reasoning: Semantics, Pragmatics, and the Rational Force of Argument by Analogy*, 109 HARV. L. REV. 925, 926 (1996).

〔5〕 CASS SUNSTEIN, LEGAL REASONING AND POLITICAL CONFLICT 62-63 (1996).

〔6〕 Gerald J. Postema, *Philosophy of the Common Law*, in THE OXFORD HANDBOOK OF JURISPRUDENCE AND PHILOSOPHY OF LAW 588, 603 (2012). See also STEVEN J. BURTON, AN INTRODUCTION TO LAW AND LEGAL THINKING 25-26 (1985).("普通法的核心信条是遵循先例原则……遵循先例原则下的推理是例子或者类比推理。")

评论家本能够援引很多案例来支持他们的主张,他们早就这样做了。他们之所以还没有这样做,是因为他们做不到,原因是只有非常少的普通法案例进行了类比推理。

实验数据是这么得来的:我随意选择了三个地区报告(Regional Reporter)——西南报告第 345 卷(345 South Western 2d)、南方报告第 65 卷(65 Southern 3d),以及东南报告第 713 卷(and 713 South Eastern 2d)。[7] 结果如下:在 84 个案例中只有 3 个涉及类比推理。[8]

进行类比推理的普通法案例数量较少的原因非常简单:如果目前案件受有约束力的法律规则的规范,而且普通法存在大量有约束力的法律规则,那么法院就不会进行类比推理。

基于相似性的法律推理

一些评论家主张,法律推理依赖于找到先例案件以及待裁判案件之间的相似性。例如,弗雷德·肖尔(Fred Schauer)主张,"为了寻找适合的先例,我们必须着力于确定这两个事

---

〔7〕 对那些不是法律职业群体成员的读者而言,地区报告出版特定区域的州法院的所有或者多数案例。例如,西南报告(South Western Reporter)出版阿肯色州、肯塔基州、密苏里州、田纳西州和得克萨斯州法院判决的案件。地区报告的任何一卷都会出版该地区在一个具体时期内判决的所有或者多数案件。例如,西南报告第 346 卷出版 1998 年 7 月和 8 月判决的多数或者所有案例。
〔8〕 希望检验或者验证此种经验的人也可以检查我所检查的报告或者其他报告,来确定它们是否包含更多我没找到的进行类比推理的普通法案例。

件的相关相似性"[9]以及"(必须确定)某些可能的先例案件和目前案件的相关相似性,因为只有存在相关相似性时,当前法院才有义务遵从先例法院的裁判"。[10] 相似的是,卡斯·桑斯坦主张,法官"寻找相关相似性和相关差异性"。[11]

这些主张也是不正确的。根据遵循先例原则,在一个案件受到上级法院或者审理法院自身裁判之先例建立的有约束力的规则规范时,审理法院必须适用该规则,但也受到遵循先例原则的限制。如果目前案件受有约束力法律规则的规范,那么审理法院就不会进行基于相似性的推理。

在这个背景下假设,第一,存在有约束力的先前案例与待裁判的案件极为相似的情况。先前案例几乎确定地建立了规范该案裁决的规则。那么,几乎就能确定,审理法院会基于该规则而非相似性作出判决。

第二,不存在极为相似的先前案例,但是存在与待裁判的案件比较相似的先前案例。在此种情况下,遵循先例原则或者任何其他法律推理原则都不会要求审理法院遵从先前的案例。当然,审理法院也可能会遵循先前案例,这只是因为其和目前案件比较相似,即使没有任何法律推理的原则要求法院这么做,法院也会这么做。然而,这几乎是不可能的。即使并没有一个有约束力的规则来规范目前案件,法院也可能适用

---

[9] Frederick Schauer, *Precedent*, 39 STAN. L. REV. 571, 577 (1987).
[10] FREDERICK SCHAUER, THINKING LIKE A LAWYER 45 (2009).
[11] SUNSTEIN, *supra* note 5, at 77.

一个权威却无法律约束力的规则(参见第五章)以建立一个新规则,相比因为先前案例与待裁判案件比较相似而遵从先前案例的做法,这两种做法具有更清晰的推理。

实践出真知。在我所阅读的数千个案例中,很少会涉及基于相似性的推理。无论是肖尔还是桑斯坦,他们都没有援引任何一个法院基于相似性推理的案例。而且在之前的实验中,我检验了任意选择的 84 个普通法案例,只有一个案例进行了基于相似性的推理。

附录

拉里·亚历山大(Larry Alexander)*的先例的规则模型(Rule Model of Precedent)

亚历山大发展了普通法推理的模型,他将之称为先例的规则模型。[12] 根据此模型,"先例法院不仅有权力裁判目前案件,而且有权力制定约束下级或者同级法院的一般规则。该规则会作为制定法,而且像制定法一样,有教规性表达方式(canonical formulation)"。[13] 亚历山大的规则模型与以规则

---

* 为确保人名翻译的前后统一,拉里·亚历山大(Larry Alexander)以下简称为亚历山大。——译者注

[12] Larry Alexander, *Constrained by Precedent*, 63 S. CAL. L. REV. 1 (1989).

[13] Id. at 17–18.

为基础的法律推理在一些方面是类似的,但在其他方面存在不同。

首先,亚历山大认为:

> 先例的规则模型的一个难题是其要件,即案例要作为先例需要包含可识别规则(discernible rule)。这确实是个难题,因为非常清楚的是,很多案例明显不满足这个要件。例如,一些案例因法院的司法意见是不透明的、神秘的或者自相矛盾的进而缺少可识别规则(discernible rules)。其他案例则因为法院的多数成员(majority of the court)会分成数个派别(factions),每一个派别都提供了不同的规则,但没有一个规则会形成法院的多数决而缺少可识别规则。[14]

如果很多先例确实都不包含可识别规则,那么法律推理以规则为基础之命题就会被质疑。然而,亚历山大对普通法先例的描述是不正确的,美国普通法先例建立的规则极少,(如果有)是不透明的、神秘的、自相矛盾的,或者体现在没有基于规则形成法院多数决的司法意见中。反之,几乎所有的普通法先例都建立了清晰的且非神秘的、非常直接的且非不透明的、内在一致且非自相矛盾的规则,它们要么被一致采纳

---

[14] Id. at 27. 类似的观点参见 Michael Moore, *Precedent, Induction, and Ethical Generalization*, in PRECEDENT IN THE LAW 184-88 (Lawrence Goldstein ed., 1987)。

了,要么被多数法官采纳了。[15]

这是四个示例性案例:

在路易丝·卡罗琳护理之家公司诉迪克斯建筑公司案(Louise Caroline Nursing Home, Inc. v. Dix Construction Co.)[16]中,问题是因承包方未能完成建筑合同而产生的损害赔偿计算。法院认为,在此类案件中,损害赔偿的计算公式是,消除承包方瑕疵履行工程的合理成本减去未支付之合同价格的部分。此公式非常清晰——并非不透明,并非神秘,也不自相矛盾,而且也不是由有意见分歧的法院裁判的。

在艾洛建筑公司诉全国拖拉机拖车培训和安置公司案(Aiello Construction, Inc. v. Nationwide Tractor Trailer Training and Placement Co.)[17]中,问题是因提供服务的一方当事人违约而产生的损害赔偿计算。法院认为,在此类案件中,损害赔偿的计算方式应当是,承包方至违约日的花费减去尚存材料的价值,加上承包方本会从完全履行中获得的利润。此公式非常清晰——并非不透明,并非神秘,也不自相矛盾,而且也不是由有意见分歧的法院裁判的。

在维泰克斯制造有限公司诉卡瑞布泰克斯公司案(Vitex

---

[15] 作出如下区分是非常重要的:先例中建立的规则是否清晰以及新案件是否清晰地落入规则范围。例如,如果受要约人拒绝了要约,他的承诺权就被终止了,这就是一个公认的合同法规则。这个规则是清晰的,但受要约人的表达是否构成拒绝有时候可能并不清晰。

[16] 362 Mass. 306 (1972).

[17] 22 R. I. 861 (1980).

Mfg. Corp. v. Caribtex Corp.）[18]中，问题在于，能否为了确定因卖方违反交付意在加工并销售的商品而产生的所失利润，而将买方的间接费用（overhead）包括在其成本中。法院认为，在确定买方的所失利润时，其成本不应当包括间接费用。此判决非常清晰——并非不透明，并非神秘，也不自相矛盾，而且也不是由有意见分歧的法院裁判的。

在瓦伦丁诉美国通用信贷公司案（Valentine v. General American Credit, Inc.）[19]中，问题是，雇员能否因雇主违反雇佣合同解除雇员而获得精神损害赔偿。法院认为，雇员不能获得这些赔偿。此判决非常清晰——并非不透明，并非神秘，也不自相矛盾，而且也不是由有意见分歧的法院裁判的。

这里仅列举四个案例，但是大多数普通法案例都有相同的结构。

在处理普通法规则时，也会出现难题，但是不明晰（lack of clarity）通常并非其中的难题之一。大多数常见难题反而是，规则是否适用于该案，规则是否要与该案区分开来，规则的例外是否应当予以创设，或者是规则是否不合理且应当被推翻。

其次，亚历山大也认为，"根据规则模型，裁判法院面对二元选择：要么以教规形式遵循先例，要么推翻它。所有的规则

---

[18] 377 F. 2d 795 (3d Cir. 1967).
[19] 420 Mich. 256 (1984).我浏览了我的案例书《基础合同法》（第十版），然后选择了这四个案例。LON L. FULLER, MELVIN ARON EISENBERG & MARK GERGEN, BASIC CONTRACT LAW (10th ed. 2018).

修正（modification）……等于推翻先例规则并以新规则替代之"。[20] 这也是不正确的。普通法规则可以被修正，但不会直接或者间接被推翻。在不推翻一般规则的前提下，特定的新规则可以从其中分离出来。例如，直到 20 世纪 40 年代，赠与允诺是不可执行的，依然是合同法的一般规则。其后，被信赖之赠与允诺可执行这一规则才被分离出来。一般规则依然未被推翻，它继续存在，只不过有一个分离出的特定规则与其并行存在。

与此类似，即使普通法规则未被推翻，它也可以创设例外。例如，交易可执行早已经成为普通法的一般规则，但是该一般规则的诸多例外最终也都被创设出来。由此，显失公平的交易是不可执行的，未成年人进行的交易对未成年人来说也是不可执行的。这些例外都没有推翻一般规则，该一般规则依然继续存在，但存在诸多例外。

最终且可能最重要的是，普通法规则不像制定法那样具有教规性。相反，普通法规则具有延展性。这一内容参见本书第十一章。

---

[20] *Id.* at 19 (emphasis in original).

第三章

先例推理与遵循先例原则

基于规则的推理之基础是遵循先例原则,该原则的拉丁语为"遵循先例原则"(stare decisis et non quieta movere),其意思是要尊重已决之事而且不要干扰已决之事。就法律推理的目的而言,该术语的重要内容就是尊重已决之事。根据遵循先例原则,当法院裁判的案件由上级法院或者审理法院自身已判之先例所建立的规则来规范时,审理法院就必须适用该规则,但也受到遵循先例原则的限制。正如亚历山大以及埃米莉·舍温所论述的那样,根据遵循先例原则,"法院应当将先前公开的规则适用于属于该规则适用范围的目前案例,即使法院经过通盘考量后的最佳判断指向一个不同的结果"。[1]

先例推理与遵循先例原则提出了一系列问题:什么是先例?什么是遵循先例原则的正当性?什么是遵循先例原则的限制?如何确定先例建立了什么规则?这些问题以及其他问题均在本章和第四章中予以解决。

---

[1] Larry Alexander and Emily Sherwin, *Judges as Rule Makers*, in COMMON LAW THEORY 1 (Dougas Edlin ed., 2007).

什么是先例?

在日常言论中,"先例"(precedent)有两个意思。第一个意思是描述性的。例如,在日常言论中,该词指的是过去的行为(past conduct),用来证明某类行为并不异常,如"以这种方式主持会议有先例",或者该行为是可行的,如"以这种方式开采蓝宝石有先例"。

日常言论中先例的第二个意思是规范性的。这个意思适用于如下场合,该词语意指对于一个行为,也包括行为过程,一个或者更多的人可以合理地预期在未来发生相似情况时行为人会重复该行为,正如行为人知道或者应当知道的那样。通常,主张有道德权利要求行为人遵循先例的人,会对行为人援引这种先例。基于该先例主张产生了未来行为人会遵从的合理预期,正如"你一直会给你的雇员一个小时的午休时间,而且这也给我们——你的雇员——期待继续该做法的理由"。或者此请求也是平等对待的需要,正如"在我的姐姐16岁时,你就让她去开车,因此你也应当让我在那个年龄去开车"。由于行为会构成规范性先例,行为人通过声称"此行为不会设定先例"来排除未来的主张是比较常见的。或者,出于基于先例这么做会产生未来请求的考虑,行为人可以决定不实施该行为。

在法律中,先例也有两个意思。先例通常指一个已判决的案例。例如,在《比较先例》(Comparing Precedent)[2]的书评中,约翰·贝尔(John Bell)说,"(在大陆法法域中)很多司法判决……都参考了先例"[3]而且"我们知道大陆法系的法官也会阅读先例并且在私下评议案件时也会讨论先例,但并不会在他们的裁判意见(opinions)中援引先例"。[4] 因为单个案例在大陆法法域中并不是法律,此处贝尔使用了"先例"一词来指一个已判决的案例。然而在美国法中,先例通常是指对下级法院或者本法院有约束力的已判决案例。[这也是本书采用的意思,而且为了便于阐释,*先例*(precedent)与*有约束力先例*(binding precedent)互换使用。]

日常言论中先例的意思与法律中先例的意思有所不同。在日常言论中,行为人在道德上有义务遵循规范性先例,但在法律上并无义务这么做。在法律中,下级法院以及本级法院必须适用有约束力先例建立的规则,除非法院推翻该规则、抽离出一个新规则、对规则设定例外或者对规则作出区分。抽离、设定例外,以及作出区分在第9章中予以讨论,推翻先例规则在第13章中予以讨论。

---

[2] John Bell, *Comparing Precedent*, 82 (5) CORNELL L. REV. 1243 (1997).
[3] *Id.* at 1248.
[4] *Id.* at 1249.

遵循先例原则的正当性

正如伟大的法官本杰明·卡多佐(Benjamin Cardozo)所说,遵循先例原则"是我们法律的日常运行规则"。[5] 该原则得到所有美国法院以及除几个评论家以外的所有评论家的支持。尽管该原则的正当性有争议,他们仍几乎一致支持该原则。

一个正当性是效率。"法院的工作"卡多佐补充说,"将达到顶点,就好像是每一个过去的判决在每一个案件中都会被重新审理"。[6] 或者正如第十联邦巡回法院的哈里斯·哈茨法官(Harris Hartz)在对本章的早期草稿进行评论时说的那样:

> 当我知道不必都要从零开始去解决每一个问题时,我就想起了作为法官所经历的快乐……我的判决意见中出现一些对法律有原创性贡献的话,这都不寻常。我不必就初审陪审团或者法官的事实调查思考审查标准,他们对该问题有说服责任。

然而,此正当性的效力是有限的,因为在多数涉及遵循先例的案件中,问题并非是要重新处理(reopen)一个已判决

---

[5] BENJAMIN J. CARDOZO, THE NATURE OF THE JUDICIAL PROCESS 20 (1921).Accord: Hubbard v. United States 514 U. S. 695 (1994) (opinion of Stevens, J.).

[6] CARDOZO, *supra* note 5, at 149.

案例,而是要看已判决案例是否是待裁判案件的先例、先例建立了什么规则,以及这个规则如何适用于目前案件。而且,考虑到遵循先例的重要性,大多数评论家都找到了该原则的正当性,该正当性带来了比效率更多的道德和政策向度。哈茨法官继续说,"如果效率是唯一的正当性,那么不是法官的人很少会有兴趣支持遵循先例原则。检察官和辩护律师以效率为根据证成辩诉交易,但是很少听见外行人赞美该做法"。

遵循先例原则的另一个正当性是,法院知道他们根据该原则作出的判决会影响未来的案件,因此必须超越目前案件去看待他们的判决对未来的影响。换言之,根据遵循先例原则,法院被迫去制定不仅能够规范目前案件,而且还能规范将来案件的规则。但是此正当性的效力也是有限的,因为即使没有遵循先例原则,大多数法官后续也会将他们判决产生的未来影响考虑进来。

此外,遵循先例原则的另一个正当性基于如下命题,即公平要求相似案件相同对待,因此一个待裁判的案件与另外一个相似的已判决案例的不同对待是不公平的。例如,布赖恩·加纳(Bryan Garner)以"相似案件应当相同对待"[7]的规则作为其《司法先例的法律》一书的开始。相似案件相同对待

---

[7] BRYAN A. GARNER ET AL., THE LAW OF JUDICIAL PRECEDENT 21 (2016).本书有13位作者。我认为这句话源于加纳(Gardner),因为他起草了每一节的黑体字部分。

肯定是有价值的,但是无论在描述意义上还是在规范意义上,该价值都没能解释遵循先例原则。

在描述意义上,由于遵循先例原则面临重要的限制,大量相似案件被不同对待而非相同对待了(like cases to be treated alike)。例如,该原则不要求,在状态 A 下判决的案件与在状态 B 下判决的一个类似案例应被相同对待。该原则也不要求,一个联邦巡回上诉法院判决的案件与在其他巡回法院判决的相似案件应被相同对待。因此,遵循先例原则通常并不要求,一个州的中级上诉法院(state intermediate court of appeals)判决的案件与另外一个姊妹州的中级法院判决的相似案件应被相同对待。[8] 而且遵循先例原则也不要求,初审法院要与同一法域内其他初审法院已判决的相似案件以相同的方式对待待裁判的案件。

以相似案件相同对待原则证成遵循先例的论点,受到了重要的规范性批评。首先,没有任何两个案件在最终意义上是相似的。正如戴维·莱昂斯所论的:

> 我会将该思想称为 *形式正义观*(the formal justice argument),即先例的实践尊重相似案件相同对待的要求。
>
> 形式正义观的一个方面需要首先考虑到:无论是前提还是结论都楔入了"相似的"(like)或者"相似的"(similar)案件这一有争议的概念。

---

[8] See, e. g., Mountain View Coach v. Storms, 102 A. D. 2d 663 (App. Div. 1984).

基本问题是比较简单的。对于待裁判的案件和其他已经判决的案例,无论它们在似乎重要的方面有多么相似,它们也都会在某些方面存在不同,反之亦然。一个案件的某些一般事实也会是其他案件的一般事实,但一个案件的某些一般事实也可能并非另一个案件的一般事实。因此,赞同以及反对任何过去案例与待裁判案件之间"相似"(similar)之客观根据都存在。

因此,强求判决须遵从那些已经在"相似案件"(similar cases)中作出判决的原则,可能在文义上无法得到遵循。如果案件的所有事实方面都是相关的,而且案件之间的任何相似性(similarity)和任何不同(difference),都分别足以使它们相似以及不同(similar and different),那么,每一个过去的案件都既可以成为又不可以成为待裁判案件的先例。基于该解释,该原则不能得到遵循,因为严格来说,它是不连贯的。[9]

其次,如果相似案件相同对待原则(treating like cases alike)是基于正义的,那么先例中建立的规则之适用与道德不相称时,该原则就缺乏力量。亚历山大很好地说明了这一点:

假设,当我的女儿 13 岁时,她要求我允许她去参加

---

[9] David Lyons, *Formal Justice and Judicial Precedent*, 38 VAND. L. REV. 495, 498-99 (1985) (emphasis in original).

摇滚音乐会。在衡量了她去音乐会可能涉及的风险以及对我们关系的增益后,我决定允许她去。当我的儿子13岁时他也寻求获得参加摇滚音乐的允许,可预见的是,他会援引我先前允许他姐姐参加的决定,作为我会作出有利于他的决定的理由……

如果我告诉我的儿子,我不会允许他参加摇滚音乐会,而且我也本不应允许他姐姐去,可预见的是,他会主张,我没有将他和他的姐姐平等对待。也就是……他会提出一个规范性主张,即在没有相反的重大道德考虑的权衡下,不类似对待是错误的。换言之,他会主张,平等价值是一个支持让他去参加音乐会的有充分分量的理由,这就使各种理由的天平向他倾斜……

(但是)如果允许13岁孩子参加音乐会的危险超过了快乐,而且我作为父母的责任不应允许我的孩子在这种情况下去参加,那么在决定是否应当同意我儿子的请求时,我在女儿事情上犯的错误就应当无足轻重了。援引平等作为危及我儿子福祉的理由,是对作为道德价值之平等角色的曲解。我对儿子可预见的基于不平等对待之抱怨的回应是,真正受到委屈的是他的姐姐,因为我允许她参加音乐会危及她的福祉。[10]

而且戴维·莱昂斯(David Lyons)也说:

---

[10] Larry Alexander, *Constrained by Precedent*, 63 S. CAL. L. REV. 1, 5-7, 10 (1989).

我们确实可以自由地改变我们的道德观。一致性（consistency）的限制并不意味着，我们被禁止改变、限制、凝练或者变更包括我们使用的标准在内的道德判断。如果我们现在接受的标准不再支持我们过去作出的道德判断，那么我们也会自由地拒绝它们……[11]

西奥多·本迪特（Theodore Benditt）对遵循先例之相似案件相似对待的正当性进行了批评：

（相似案件相似对待的）正义原则只是意味着，如果两个相关的类似案件被不同对待……那么一些当事人就被不公平对待了，但是该原则并没有这么说。[12]

如果后一案件与相似的早期案件被不同对待，那么相似案件相同对待原则并没有告诉我们，后一案件的当事人或者早期案件的当事人是否被不公平对待了。因此，相似案件相同对待只是要求，如果推翻早期案件是可能的，那就推翻吧。它并没有要求，后一案件应当以相同方式作出判决。换言之，问题是，后一案件的当事人是否应有权请求获得与多年前判决之案件的当事人的不同对待，而他进行相关行为时甚至都不知道这一点？或者，一个与本案无关的早期案件的当事人，是否有权要求与后来案件的当事人不同对待？回忆亚历山大

---

［11］ Lyons, *supra* note 9, at 508.

［12］ Theodore M. Benditt, *The Rule of Precedent*, *in* PRECEDENT IN LAW 89, 90 (L. Goldstein ed., 1987).

的假设,他没有允许13岁的儿子参加摇滚音乐会,尽管他先前允许13岁的女儿这么做了。他表示:"我对儿子可预见的不平等对待之抱怨的回应是,真正受到委屈的是他的姐姐,因为我允许她参加音乐会使她可能遭遇危险。"

遵循先例的更佳正当性是,它提供了普通法的稳定性。法律的稳定性应当而且确实受到了重视,因为它提供了法律的可预见性,且法律的可预见性有社会价值。法律的稳定性在遵循先例原则下得以实现,因为在该原则下,如果有约束力先例建立的规则实质上与社会道德、社会政策以及经验相一致,就是恰当的好规则,法院就应当遵循该规则,即使该规则并非最佳可选择的规则。在最佳可选择的规则和恰当的好规则之间存在一些小差别,可能有争议,也可能难于察觉,或者两者兼具。因此,如果仅仅因为有约束力先例建立的规则与竞争性规则相比不那么可取,法院就不遵从该规则,那么即使不是不可能,也难以依赖有约束力先例建立的规则。换言之,至少短期内,法律的稳定性这一价值,超越了对有约束力先例建立的规则进行轻微改进的价值。稳定性是遵循先例原则的产物。

最后,我来说下遵循先例原则的更佳正当性。弗兰克·伊斯特布鲁克(Frank Easterbrook)认为,"我们没有——也绝对不可能有一个先例的全景式理论"。[13] 伊斯特布鲁克论点的

---

[13] Frank H. Easterbrook, *Stability and Reliability in Judicial Decisions*, 73 CORNELL L. REV. 422, 423 (1988).

第一部分是正确的：我们没有先例的全景理论。论证如下：复杂社会需要大量私法来促进私人规划、塑造私人行为，以便于私人纠纷的和解。因为美国的立法机关没有权力或者能力来颁布除了有限数量私法规则以外的私法，因此，制定私法的任务主要是法院的责任。然而，如果没有遵循先例原则，法院就不能制定法律。相应地，该原则的最佳正当性是，如果没有遵循先例，案例就只有说服力而没有约束力，故而，我们不会有侵权法，不会有合同法，也不会有财产法——事实上，也不会有普通法。[14]（当然，我们依然会有立法机关制定的法律，但如上面讨论的，美国立法机关系统地制定私法的权力是有限的。）

反对遵循先例原则的论点

有几个评论家认为，遵循先例原则并不可取，因为该原则要求法院遵从错误的先例。例如，彼得·韦斯利-史密斯（Peter Wesley-Smith）认为，"遵循先例不能成为法律……（因为）法院应忠实于法律而非前人的陈述"。[15] 此类论点的理由并

---

[14] *See also* Jeremy Waldron, *Stare Decisis and the Rule of Law*：*A Layered Approach*, 111 MICH. L. REV. 1 (2012)，他认为，法治证成了遵循先例原则。我把此种论点作为补充，并不与本章的分析相冲突。

[15] Peter Wesley-Smith, *Theories of Adjudication and the Status of Stare Decisis*, *in* PRECEDENT IN LAW 73 (L. Goldstein ed., 1988).*See also* Christopher J. Peters, *Foolish Consistency*：*On Equality*, *Integrity*, *and Justice in Stare Decisis*, 105 YALE L. J. 1 (1996).

不充分。

其一,遵循先例原则不仅能够成为法律而且也确实就是法律。其二,反对遵循先例原则的论点默示假设很多先例是严重错误的,但不能因为少数先例是错误的就抛弃法律推理的基本原则。很多先例都严重错误的现象是极不可能出现的,因为大多数上诉法官都是胜任的,而且大多数上诉法官都要在多个法官组成的法庭中审理案件,因此不胜任的法官是不可能获得成功的。同时,严重错误的先例可能落入了如下讨论的遵循先例之限制的范围。这些限制是,如果先例采取的规则没有得到社会道德或者社会政策的支撑,或者规则已经受到了广泛的司法和学术批评,那么在大多数情况下,该规则最终会被推翻。

简言之,遵循先例原则是有成本的,因为一些严重错误的先例也会暂时成为法律。然而,此成本相对较低,因为只有非常少的法律规则可能存在严重错误。而且该原则的收益巨大,因为该原则的结果就是,我们拥有了普通法。

垂直性和水平性遵循先例

遵循先例原则存在两个向度——水平向度和垂直向度。水平性遵循先例要求法院遵从他们自己的先例。垂直性遵循先例要求下级法院遵从上级法院已判决的先例。垂直性遵循先例比水平性遵循先例的效力更强。在适当情况下,上级法院能够推翻或者修正它先前建立的规则,但下级法院不能推翻或者修正上级法院已判决的先例。而且,上级法院能够通过援引该原则的任何一种限制以回避遵循先例原则,但这个过程通常并不向处理上级法院已判决先例的下级法院公开。然而,尽管水平性遵循先例没有垂直性遵循先例那样有力,但它依然是有力的,因为它要求法院遵从基于自身的先例建立的规则,且受到该原则的限制。

巡回法院先例法律原理(The Law-of-the Circuit Doctrine)

水平性遵循先例的一个重要例子是巡回法院先例法律原理。联邦巡回法院的判决通常是由三名法官组成的审判庭作出的,而非由全部巡回法官一起作出的。根据巡回法院先例法律原理,审判庭作出的判决通常约束巡回法院所有审判庭在未来作出的判决。一些巡回法院已经采取了限制审判庭判决先例效力的特殊规则,但仅限于相当严格的条件下。在第一巡回法院中,"在极为罕见的情况下,如果非控制性但有说服力的案例法建议此进路"[16],或者如果后一审判庭提出一个推翻性判决让所有巡回法官进行评论而且大多数法官并不反对,那么就不需要遵循第一巡回法院的判决了。[17] 第二巡

---

[16] United States v. Lewko, 169 F. 3d 64, 66 (1st Cir. 2001).
[17] United States v. Dowdell, 595 F. 3d 60, 62 n. 8 (1st Cir. 2010).

回法院以及哥伦比亚特区法院的巡回法院也有类似的程序，不同的是在第二巡回法院中好像一个法官就可以通过反对来阻止推翻规则。[18] 第七巡回法院进一步将审判庭推翻早期审判庭判决的权力进行了法典化。[19] 第十巡回法院偶尔采用被称为全院庭审补充说明(footnote)的程序。在此程序下，如果审判庭认为，巡回法院的先例让人忍无可忍，那么它会要求获得所有在任法官(active judges)的授权去推翻先例。只有所有在任法官都一致同意，该请求才会允许。

23　遵循先例原则的管辖范围限制和实质限制

管辖范围限制

并非每个已判决案例都能约束每个法院。为理解什么判决约束什么法院，有必要简单描述美国的两种管辖体系：联邦司法体系和州司法体系。

联邦司法体系的顶端是美国联邦最高法院，底部则是初审法院，也被称为地区法院。在最高法院和地区法院之间有

---

[18] GARNER ET AL., *supra* note 7, at 493.
[19] 参见第七巡回法院第40(e)条规定：在判决之前主动重新审理。如果本法院的一个审判庭通过了一项拟议的意见，而该意见的立场可能会推翻本法院先前的判决或与巡回法院判决之间产生冲突，则该拟议的意见不得发表，除非拟议的意见首先在本法院的在职人员中传阅，并且其中大多数人的投票选项是不重新审理是否应采取该立场。

13个中级上诉法院,也被称为巡回上诉法院。[20] 最高法院的判决约束最高法院以及所有下级法院。地区法院的判决不产生遵循效力:正如最高法院在卡姆瑞塔诉格林案(Camreta v. Greene)中所言[21],"联邦地区法院法官的判决无论是在不同的司法区域、相同的司法区域,抑或对不同案件中的同一法官,都不是有约束力的先例"。巡回上诉法院全院审判或者审判庭的判决,对巡回法院全院庭审或者同一巡回法院的审判庭有约束力[22],但无论是全院庭审还是审判庭的判决对其他巡回法院都没有约束力。

州司法体系的结构与联邦司法体系结构相匹配。州也有最高法院、初审法院和中级上诉法院。每个中级上诉法院对州指定区域内的初审法院的上诉有管辖权。州最高法院的判决约束该法院和所有下级法院。[23] 初审法院的判决不产生

---

[20] 巡回上诉法院通常对来自地区法院的上诉拥有管辖权,该地区法院位于由三至十个州或地区组成的地理区域内,或者在哥伦比亚特区巡回法院的情况下,则是在哥伦比亚特区区域内。除了对来自哥伦比亚特区地区法院的上诉拥有管辖权外,哥伦比亚特区巡回法院对来自某些联邦行政机构的上诉拥有专属上诉管辖权。对其他联邦机构的决定提出上诉的原告可以在他们居住地的巡回法院或特区巡回法院提起上诉。See Why Is the D. C. Circuit " So" Important, CRS Reports and Analysis, May 31, 2013; Eric M. Fraser et al. ; The Jurisdiction of the D. C. Circuit, 23 CORNELL L. J. 1 (2013).第十三巡回法院,即联邦巡回法院,对某些主题领域特别是专利案件有专属管辖权。

[21] 563 U. S. 692, 709 n. 7 (2011).

[22] See, e. g., Sisney v. Reich, 674 F. 2d 839, 843 (8th Cir. 2012), cert. denied, 133 S. Ct. 359 (2012); Brock v. Astrue, 674 F. 2d 1062 (8th Cir. 2012); In re Lambrix, 776 F. 2d 789, 794 (11th Cir. 2015).

[23] See, e. g., Mountain View Coach Lines v. Better Storms, 102 A. D. 2d 663 (1984); United States v. Cooper, 462 F. 2d 1343 (1972).

遵循先例的效力。州中级法院的判决的遵循先例效力也有不同。例如,在纽约,中级上诉法院,也被称为最高法院上诉分院(Appellate Division of the Supreme Courts),不约束其他上诉分院,但是对于一个上诉分院法域内的初审法院是否受其他上诉分院判决的约束这一问题,存在不同的权威观点,但主要观点认为这些初审法院是受到约束的。[24]

实质限制

遵循先例原则也有很多实质限制。最重要的限制是,在大多数普通法区域内,如果先例建立的规则最终与社会道德和社会政策不一致,那么法院会推翻或者修正该规则。如果先例的前提是错误的这一事实非常清晰,那么在如下情况下倾向于不予适用,即先例建立的规则被证明为不可行,随后的法律发展会解除该规则的教义锚定,随后的事实发展将该规则解除事实锚定,或者随后的社会道德或者社会政策的发展也会解除该规则的社会锚定。

---

[24] See Robert S. Summers, *Precedent in the United States (New York State)*, *in* INTERPRETING PRECEDENTS (D. Neil McCormick & Robert S. Summers eds., 1997).

第四章

如何确定先例建立了什么规则

普通法主要是由先例建立的规则构成的。这就提出了如下问题,即如何确定先例建立了什么规则呢?答案是,先例建立的规则,是指先例法院表述的规范目前案件的规则。

在《确定案例的判决理由》[1]一文中,阿瑟·古德哈特(Arthur Goodhart)提出一个不同的理论:先例表述了一个由先例的结果以及先例法院认为重要的事实共同构成的规则。然而这个理论并无支撑根据。

第一,即使曾经存在,法院也极少甄选一些事实并认为这些事实很重要,而且没有任何衡量标准来客观确定法院认为哪些事实是重要的。

第二,正如朱利叶斯·斯通(Julius Stone)在《判决理由的理由》[2](The Ratio of the Ratio Decidendi)一文中证实的那样,即使能够确定先例法院认为什么事实是重要的,每一个事实也会在不同层次的一般性上被阐释,而且每一个层次也会

---

[1] Arthur Goodhart, *Determining the Ratio Decidendi of a Case*, 40 YALE L. J. 161 (1930).

[2] Julius Stone, *The Ratio of the Ratio Decidendi*, 22 MOD. L. REV. 507 (1959).

产生不同的结果。

斯通以英国著名的多诺霍诉史蒂文森案(Donoghue v. Stevenson)[3]为例,阐释了他的批评意见。多诺霍的朋友在一个咖啡店为他购买了一瓶姜汁啤酒。瓶子是不透明的,在多诺霍饮用部分姜汁啤酒后,她发现瓶子里有一个腐烂的蜗牛,如果不是大部分姜汁啤酒被喝掉了,她就不可能发现这个事。多诺霍严重休克且得了肠胃炎,她起诉了啤酒的制造商并获得胜诉。

在多诺霍案之前,根据英国法,缺陷产品的制造商通常只对直接买方——在本案是咖啡馆——承担责任。非常清楚,多诺霍案拒绝适用该规则,法院认为,制造商要对多诺霍承担责任,即使她不是制造商的直接买方。然而,斯通指出,根据古德哈特的理论,法院采纳什么规则是很不清楚的。假设,多诺霍案中最重要的事实是那些关于伤害工具、被告性质以及多诺霍伤害性质的事实。正像斯通所证明的,伤害的工具可以被描述为饮料,一个不透明瓶子装的饮料,一个不透明瓶子装的姜汁啤酒,一个动产,或者一罐用来饮用的液体。被告可能被界定为一个制造商,一个在全国分销商品的制造商,一个生产货物的组织,或者一个为营利而生产货物的组织。伤害可以被界定为一种伤害,个人伤害,身体伤害,或者情感伤害。因此,根据古德哈特的理论,多诺霍案能够

---

[3] [1932] L. R. App. Cas. 562 (H. L. 1932).

表达出很多不同的规则。例如,该案能够表示如下规则,即如果在全国分销商品的制造商生产的货物有过失*,它就对任何因此产生的伤害承担责任。或者,该案也表述了这样一个规则,即如果为盈利而生产货物的组织因过失而生产了缺陷商品,且若其用一种隐藏缺陷的方式包装了货物,那么它就要对因此所产生的个人身体伤害承担责任。

简言之,先例并不意味着一个由结果和先例法院认为的重要事实共同构成的规则。相反,先例表示先例之裁决建立的规则,即先例法院确定了本案结果的规则。该原则得到彼得·蒂尔斯玛(Peter Tiersma)的《先例的字面化》(The Textualization of Precedent)一文的强力支撑。[4] 蒂尔斯玛证明,不管五十年前的案例是什么样的,如今普通法法院的判决与制定法很像:

> 到目前为止,应该很明显了……在确定案件的裁决(holding)时,实质强调的是法院的精确用词。半个世纪前,还存在杰出的美国法律学者,如罗斯科·庞德(Roscoe Pound),他们坚持认为司法意见的语言没有权威性,法院看重的是结果。同样,爱德华·列维(Edward Levi)在关于法律推理的有影响力著作中提到,在涉及案例法的场合,法官"不受先前法官制定的法律规则之表

---

* 产生缺陷。——译者注
[4] Peter Tiersma, *The Textualization of Precedent*, 82 NOTRE DAME L. REV. 1187 (2007).

述的约束,哪怕在主导性案例中(in the controlling case)"。亨利·哈特(Henry Hart)以及艾伯特·萨克斯(Albert Sacks)依然在他们有影响力的法律程序教学材料中郑重坚持,案例的判决理由(ratio decidendi)"没有被囚禁在任何单个用词中",而且其因此"具有制定法所没有的灵活性"。但正如这些学者所论的,情况已经发生了很大变化。司法意见的语言过去被字面化而且现在变得更加字面化了(textual)。

　　曾经可被充分描述为"案例法"的制度(case law regime),正踏步走向被称为"司法意见法"的制度(opinion law system)。换言之,案件的先例价值现在不是那么由事实、问题和结果分析来确定,而是通过细致审查司法意见中的用词来确定。特别值得关注的是,美国法院正开始更明确地表述他们的裁决了,而且这些裁决的表述正在越来越多地被视作制定法对待。司法意见——或者至少是我们认为是先例或者裁决的部分,正在渐渐字面化……

　　20多年前,奎多·卡拉布雷西(Guido Calabresi)写道(制定法经常过时)……卡拉布雷西提出的补救方法是允许法院更新陈旧的制定法。本质上,法院会将立法视为普通法的一部分。但是卡拉布雷西所预测的并没有发生。法院没有将制定法视作普通法,而是开始将普通法视作立法。

对裁决(HOLDING)、附带意见(DICTA)、判决理由(RATIO DECIDENDI)与正当性(JUSTIFICATIONS)的说明

裁决是指法院阐明的审理目前案件的规则。因此,裁决与先例建立的规则(the rule that a precedent establishes)是同义词。而且案件的裁决一直都易于确定。

以著名的哈德利诉巴克森代尔案(Hadley v. Baxendale)[5]为例。哈德利是一个面粉厂的共有人。该面粉厂因用于生产的曲轴断裂而停止运营。曲轴是格林威治的乔伊斯公司(Joyce & Co.)生产的,而哈德利想要将断裂的曲轴运到乔伊斯公司来做新曲轴的模板。皮克福德公司(Pickford & Co.)时任总经理是巴克森代尔,他同意将曲轴在一天内经由伦敦运到乔伊斯公司[6],但是为了节省成本,公司作了其他运输安排,以至于新曲轴的交付延迟了。[7] 结果哈德利晚了几天才收到新曲轴,他失去了按乔伊斯公司允诺的交付时间本可获得的利润。哈德利起诉了巴克森代尔,要求后者赔偿

---

[5] 9 Exch. 341 (1854).

[6] *See* Richard Danzig, *Hadley v. Baxendale*: A Study in the Industrialization of the Law, 4 J. LEGAL STUD. 249 (1975).

[7] 未选择伦敦到格林威治直接通过铁路货车运输曲轴,皮克福德将曲轴留在伦敦好几天,其后才通过驳船把曲轴与交给乔伊斯公司托运的其他数吨铁制品一起运到格林威治。RICHARD DANZIG & GEOFFREY R. WATSON, THE CAPABILITY PROBLEM IN CONTRACT LAW (2d ed. 2004).

所失利润。

　　该案的问题是,允诺人的违约和受允诺人的损失之间存在什么联系。为解决这个问题,法院采纳了知名的哈德利案第一规则和第二规则"(就无辜方的违约损害赔偿)应当是【1】可以公平且合理地认为是自然从这种合同违反中产生的,也就是根据通常的事物发展过程产生的,或者【2】在当事人订立合同时,双方当事人都合理地认为这是违反合同的大概结果(probable result)"。这就是案件的裁决(holding)。这一点非常清楚,没有异议。

　　或者以罗德岛州最高法院判决的安杰尔诉默里案(Angel v. Murray)[8]为例。合同当事人经常缔结合同来变更协议,即一方当事人 A 允诺向 B 支付多于她应得到的钱,以换取 B 履行合同的承诺。根据古典合同法的先前义务规则(preexisting duty rule),A 的允诺是不可执行的。然而该规则是不合理的,因为变更是一项交易,交易通常应当是可执行的。在安杰尔诉默里案中,罗德岛州最高法院采纳了一项新规则来取代先前义务规则。根据这个新规则,如果考虑到当事人在合同订立时未预期到的情况,变更是公平和公正的,那么变更任一方未完全履行之合同项下义务的允诺都有约束力,或者考虑到信赖该变更允诺而导致的重要的地位变化,在正义要求执行的范围内该变更允诺是有约束力的。

---

　　[8] 322 A. 630 (R. I. 1974).

哈德利诉巴克森代尔案和安杰尔诉默里案是示范性的（exemplary），但并非独一无二。在几乎所有普通法案例中，法院均会表述案件的规则。此规则就是裁决，而且裁决几乎恒定地是清楚的。当然，裁决要求解释，但这并不意味着裁决（holding）不是规则；制定法经常要求解释，然而这一事实并不意味着制定法不是规则。

附带意见（Dicta）

司法意见中的大多数表述可分为两类：事实表述和法律表述。事实表述由案件事实和案件历史构成。核心的法律表述就是案件的裁决。案例中的大多数其他法律表述是附带意见——单个的附带意见。附带意见是拉丁词汇，意思是"说出来的话"，是"法官的附带意见"的简写，意指顺便说出的话。附带意见涉及规则但并不是规则。通常，附带意见传达了法院未来可能的行动。例如，一份附带意见可能是对既有规则的批评，但还未上升到废止该规则的程度。

与裁决不同，附带意见没有约束力。具体案例中裁决与附带意见的界限通常是清楚的，但也并不一直都是如此，有时候该界限受到此类法院的控制，法院不想遵从先例但通常又不想正式推翻先例，而且经常通过虚伪地主张先例的裁决实际上是附带意见来规避遵循先例原则，理由是裁决超越了案件事实或者对判决而言并无必要。

由于附带意见没有约束力,所以通常的观点是,附带意见没有法律意义。这个观点过于夸大了。例如,肖恩·拜仁(Shawn Bayern)在其《案例解释》[9]一文中证明,正如多伊诉伦敦劳埃德保险商案(Doughy v. Underwriters at Lloyds, London)[10]所表明的,"最高法院周全的语言,即使在技术上是附带意见,一般也必须被视为具有权威性"。或者,正如在赖克诉大陆油气公司案(Reich v. Continental Cas. Co.)[11]中所表明的,"在最高法院最近的一个附带意见(的语言)中……考虑所有相关因素以及预示了一个明确无误的结论,认为法院可能要在不久的将来采纳相反的观点也是鲁莽的"。简言之,正如皮埃尔·勒瓦尔(Pierre Leval)所表明的:"附带意见经常服务于极有价值的目的……它们能够帮助法院未来得出合理且有充分理由的结果。附带意见还能帮助律师和社会去预测法院裁判的未来进程,也能够指引法院采用公平的和有效率的程序。"[12]

最终,附带意见会用来预示法律的变化,并告诉法律职业群体,既有的规则不再值得信赖。

---

[9] Shawn Bayern, *Case Interpretation*, 36 FLA. STATE U. L. J. 125 (2000).
[10] 6 F. 3d 856, 861 (1st Cir. 1993).
[11] 33 F. 3d 754, 757 (7th Cir. 1994).
[12] Pierre N. Leval, *Judging Under the Constitution*, *Dicta About Dicta*, 81 N. Y. U. L. REV. 1249, 1253 (2006).

判决理由（Ratio Decidendi）

判决理由是一个拉丁词语，意指判决的理由或者根据。这一词语只在普通法中偶尔使用，因为在美国案例中，有约束力的是裁决（holding）而不是裁决的理由（rationale of the holding），而且裁决几乎恒定地是清楚的。相比而言，判决理由一词在英国案例中经常使用。因为英国和美国上诉法院审判庭都由三个或者更多法官组成。在大多数美国普通法案例中，要么是全部法官要么是多数法官同时参加庭审，而且大多数美国普通法案例都有清晰的判决。相比而言，在英国上诉法院判决的案例中，法院作出不同的司法意见且没有清晰裁决的情况也是常见的。例如，在寇福思诉萨尼可有限公司案（Koufos v. Czarnikow Ltd.）中[13]，法官们作出了五个不同的司法意见。在这些案例中，先例表述的规则必须从不同的司法意见中经过解释才能得出。此种经过解释的规则就是案件的判决理由。[14] 因此，意指经过解释得出的规则之判决理由的概念，与作为明确规则之裁决的概念关系不大。

---

[13] ［1969］3 A. C. 350 (H. L. 1967).
[14] *See* Greg Lamond, *Precedent and Analogy in Legal Reasoning*, in STANFORD ENCYCLOPEDIA OF PHILOSOPHY 6 (2019).

正当性(Justification)

所有的普通法规则最终都必须能通过社会道德、社会政策以及经验命题来证成。正当性不同于裁决(holding)和附带意见。裁决(holding)是规则,但正当性不是规则。正当性也并非附带意见,因为附带意见通常与未来有关,而正当性与过去和现在都有关。

由于正当性不是规则,所以法院不能通过运用正当性来判决案件。然而,法院可以利用正当性来制定新规则,然后再适用该规则。而且,法院也会利用规则的正当性去决定如何解释和适用该规则。

弗雷德里克·肖尔(Frederick Schauer)认为,"普通法似乎是……根据正当性作出的判决,而非根据规则作出的判决"。[15]这一论点是不正确的。如果普通法是由正当性而非规则构成的,那么即使不是不可能也难于确定普通法是什么,因为先例通常能够以数种方式来证成。正如亚历山大所言,"存在不确定数量的可能的……多套能'证成'先例结果的原则"。[16]而且,不同的正当性也经常会指向不同的方向。

另外,与肖尔论点的前提不同,即使最随意的评论也会说

---

[15] Id. at 178.
[16] Larry Alexander, *Constrained by Precedent*, 63 S. CAL. L. REV. 1, 38 (1989).

明,普通法法院极少提供他们所适用规则的正当性。当法院表述了该规则,即如果受要约人拒绝要约,受要约人的承诺权终止,法院会援引建立该规则的先例,但很少补充说明规则的正当性。当法院表明,已被信赖的赠与允诺是可执行的,法院就会援引《合同法重述》(第二次)第90条,但即使有也极少会补充说明第90条的正当性。

美国巡回上诉法院审判庭的部分或许是大多数人,对裁决构成以及遵循先例的观点

第三章介绍的裁决(holding)的定义和遵循先例原则,描述了普通法法院的观点。然而,部分或许大多数美国联邦巡回上诉法院审判庭采取了更宽松的观点,对于遵循先例也持更宽松的观点,因为关于裁决构成之更宽松的观点会减少遵循先例的效力。尽管本书关注普通法推理而且美国巡回上诉法院审判庭主要审判宪法案件和有制定法依据的案件,当然也审判普通法案件,因此考虑到完整性,我现在将考虑这个观点。

一个案例是普雷特卡诉科特市第二广场公司案(Pretka v. Kolter City Plaza II, Inc.)[17],其中,第十一巡回法院审判庭拒绝遵从洛厄里诉阿拉巴马电力公司案(Lowery v. Alabama

---

[17] 608 F. 3d 744 (11th Cir. 2010).

Power Co.)[18],大多数法律职业群体成员都会认为该案的裁决是先例。拒绝的理由是洛厄里案中的裁决(或者,更精确地说,是通常被视为裁决的表述)是附带意见:

> 在洛厄里案的意见中存在两个表述,我们并不同意这两个表述,而且这两个表述大概与我们在本案要得到的结果不一致。第一个表述是,原告收据规则(receipt from the plaintiff rule)不限于根据第1446(b)条第二段进行的移送,但适用于第一段的移送……这部分意见(表述)是……不"适于事实"……其(延伸)"超越了本案的事实"……而且其对"本判决是不必要"……意见对根据第1446(b)条第一段移送的案件之法律所表达的任何观点,都是附带意见,而且我们"自由地重新考虑该问题"……
>
> 在洛厄里案意见中我们并不同意并且大概与我们在本案要得到的结果不一致的第二个表述是如下建议,即该案的"原告收据规则会适用于任何原告寻求未定数额损害赔偿案件"……在洛厄里案意见中关于所有寻求未定数额损害赔偿原告的广泛陈述是附带意见,因为在本案中它对判决而言是不必要的。

普雷特卡案法院的表述——洛厄里案采纳的规则"不适用于本案事实",延伸到了"本案事实之外"。而且"对判决是

---

[18] 483 F. 3d 1184 (11th Cir. 2007).

不必要的"这一表述也是虚伪的,因为即使有的话也很少有裁决会针锋相对。普雷特卡案法院采取这一进路的原因也是非常清楚的,因为正如司法意见所澄清的那样,法院强烈反对洛厄里案采用的规则。普雷特卡案法院采纳的规则与洛厄里案采纳的规则不一致,而且根据巡回法院法的原理,这些规则是裁决,法院不能拒绝这些规则,因此为了克服这个障碍,法院断言洛厄里案采纳的规则只是附带意见。

普雷特卡案法院以及其他就什么构成裁决采取类似观点的审判庭所采取的裁决进路,在所有巡回法院都未被跟进。例如,在美国诉约翰逊案(United States v. Johnson)[19]中,全院参加庭审的第九巡回法院认为,只要审判庭遇到与案件最终结果之决议密切相关的问题,而且在充分考虑后对该问题作出决定,裁决(ruling)就成为巡回法院的法律,无须考虑制定该法律在某些严格逻辑意义上是否必要。

---

[19] United States v. Johnson, 256 F. 3d 895 (9th Cir. 2001).

第五章

基于权威却无法律约束力规则的推理

美国普通法推理采用的最突出类型的规则,首先是法律上有约束力的先例建立的规则。其次是权威却无法律约束力的规则。一个权威却无法律约束力的规则被法院视作规则,并非因为经过适当考虑后法院认为其是最佳可能的规则,而是因为其在法院尊重的诸如主要论著(leading treatise)等法源中被采纳了。

例如,重述的黑体字条款*被设定为规则,法院经常将它们当作规则适用。因此,法院经常会说,"根据《合同法重述》(第二次)第 90 条……"或者"《合同法重述》(第二次)第 90 条规定……",以及诸如此类的表述。同理,法院也认为主要论著具有权威性而不仅仅只有说服力,如《威利斯顿论合同》(Williston on Contracts)、《科宾论合同》(Corbin on Contracts)和《威格摩尔论证据》(Wigmore on Evidence)等。法院也会将很多州或者多数州采纳的规则以及《合同法重述》(第二次)采纳的规则视作法律,即使法院自身和许多其

---

* 在普通法的法律结构中,它意指既定的或者公认的规则,这些规则是确定的和不再受质疑的。——译者注

他州还没有就该问题发表意见。[1]

渊源是否具有权威性最好通过考虑承认规则(rule of recognition)来理解,H. L. A. 哈特(H. L. A. Hart)*详尽发展承认规则这一概念。[2] 哈特首先提出,法律制度由初级规则和次级规则共同组成。

初级规则(primary rule)是哈特所称的义务规则(rules of obligation)。[3] 更扩张性的界定包括行为规则(rule of conduct),涉及权利义务的规则,以及涉及行为人如何能够作出具有法律约束力的安排,如合同法、遗嘱法或者财产转移法。

次级规则(secondary rules)规定了初级规则最终被确认、引入、建立、改变、使用或者消除的方式,以及最终确定违反初级规则之事实的方式。[4] 大多数次级规则是法律规则——例如,涉及什么构成法律机构法定多数的法律规则。哈特将大多数重要类型的次级规则称为承认规则,涉及什么规则*是*法律规则。承认规则自身不是一个法律规则,而且不是*由法律规则*设立的。相反,承认规则的力量源自社会群体对规则

---

[1] 对不是法律职业群体成员的读者解释一下,重述的每一条都被分为三个部分:该条采纳的规则(rule),规则的评论(comment),以及报告人按(Reporter's Note)。该条采纳的规则是以黑体字印刷的——因而产生了"黑体字"(black letter)一词。

* 为确保人名翻译的前后统一,H. L. A. 哈特(H. L. A. Hart)以下简称为哈特。——译者注

[2] H. L. A. HART, THE CONCEPT OF LAW (2d ed. 1994).

[3] *Id.* at 94.

[4] *Id.*

的承认。正如罗纳德·德沃金(Ronald Dworkin)*所观察的,"承认规则是法律制度中唯一的约束力取决于承认的规则"。[5] 例如,哈特指出,英国立法机构(the Queen in Parliament)颁布的法律文件是法律,但并不因为一个法律规则使文件成为法律它就是法律;它之所以成为法律,是因为相关社会群体的接受,立法机构颁布的文件也就成为法律。《美国宪法》在被法院作为法律对待之前之所以是法律,也基于同样的道理。因为承认规则是社会规则,必须获得在不同社会中有差别社会群体的承认。在美国,必须获得其承认的主要群体是法律职业群体——法官、实务律师和法律学者。通过类比承认规则,在美国普通法中,法律上没有约束力的渊源是否具有权威性,需依据法律职业群体的观点。

在普通法中,权威却无法律约束力的规则存在数种渊源。其中一个渊源是其他法域最高法院的判决。正如肯特·格里纳沃尔特(Kent Greenawalt)所言:

(如果)对触及很多跨州交易的商法问题而言,30个州的最高法院都向一个方向发展而且没有往相反方向发展,那么第31个法院就有强有力的理由遵从流行的原理,即使法院发现相反的规则更好一些也是如此。简言之,在某些情况下,根据传统原理不受"约束"的法院有理

---

* 为确保人名翻译的前后统一,罗纳德·德沃金(Ronald Dworkin)以下简称为德沃金。——译者注

[5] Ronald Dworkin, The Model of Rules, 35 U. Chi. L Rev. 14, 21 (1967).

由遵从超越其推理说服力的先例规则。

……如果法院具有充分强大的理由来作出与先前法院(下级法院或者在其法域之外)的判决相反的判决,那么法院就没有违反任何传统意义上的先例的力量。但是如果法院未注意到这些先前的判决或者根本未考虑遵从,那么法院的行为就是不负责任的。[6]

格里纳沃尔特以田纳西州最高法院的麦金太尔诉巴伦坦案(McIntyre v. Ballentine)[7]为例进行分析。麦金太尔(McIntyre)案涉及了以下问题,即如果被告因过失伤害了原告,但原告因自己的过失也造成了伤害,结果会是什么呢?根据共同过失(contributory negligence)的进路,原告的过失禁止他获得赔偿。在很长时期内,共同过失原理几乎得到了一致采纳。然而渐渐地,法院采纳了不同形式的比较过失(comparative negligence)。截至1992年,田纳西州是少数依然遵从共同过失原理的州。在麦金太尔案中,被告的过失导致了原告的伤害,但是原告也有过失。初审法院指示陪审团注意共同过失规则的基础,而且陪审团作出了对被告有利的判决。田纳西州最高法院撤销这一判决,部分依据是比较过失已经在其他45个州取代了共同过失。

附带意见是另外一个权威却无法律约束力的规则。例

---

[6] KENT GREENAWALT, STATUTORY AND COMMON LAW INTERPRETATION 199-200 (2013).
[7] 853 S. W. 2d 52 (1992).

如,联邦地区法院或者联邦上诉法院通常会将美国最高法院的强力附带意见作为规则,即使它们并没有约束力。正如弗兰克·伊斯特布鲁克法官所说的那样:"最高法院经常通过语言来表达如下立场,即那些不赞同的受众可能把这当成附带意见而不予理会……然而最高法院也期望这些阐述(formulations)会得到遵守。"〔8〕

其他非常重要的权威却无法律约束力的规则是重述(Restatement)*以及主要论著。

在权威却无法律约束力的规则没有施加任何法律义务时,此类规则经常与有法律约束力的规则一样有效或者有更大的效力,而且案件以在重述或者主要论著中找到的规则为基础进行判决也很常见。第一章讨论过的丘克诉米卡洛斯库斯案就是一个例子。在1932年以前,一般来说,信赖在合同法中几乎没什么地位。根据存在少数例外的约因的交易原则(bargain principle of consideration),只有交易允诺是可执行的,(而受允诺人对非交易允诺——尤其是)赠与允诺(作出赠与的允诺)的信赖,并不使该允诺具有可执行性。正如霍姆斯(Holmes)所言,"如果受允诺人能够通过随后的信赖该允诺之行动而使赠与允诺具备可执行性,那么就会根本损害约因

---

〔8〕 United States v. Bloom, 149 F. 2d 649 (7th Cir. 1998),基于其他根据被推翻了,Skilling v. United States, 561 U. S. 358 (2012)。

* 这里的"重述"是指美国法学会主持制定的重述,如"合同法重述""财产法重述"等。

原理"。[9]

柯克西诉柯克西案(Kirksey v. Kirksey)[10]阐释了该原则。安蒂利科(Antillico)是养育几个孩子的寡妇。她居住在离她大伯哥柯克西60到70英里远的公有土地上。在1840年10月,柯克西写信给安蒂利科:

> 亲爱的安蒂利科弟妹——听说亨利兄弟和他的一个孩子死了,我非常难过。我知道你很悲伤也很困难!你以前生活条件不好,但现在更糟了……如果你决定来看我,我会给你一个养家糊口的地方,有的地我也照料不过来;考虑到你和你家人的处境,我想要你和孩子们过得好一些。

收到这封信后,安蒂利科很快抛弃了自己的财产,并和家人一起搬到了柯克西所在的地方。两年来,柯克西把她安置在一个舒服的房子里,还给她土地去照料。后来,他把她安置在另一间不舒服而且位于森林中的房子里。最后,他要求她完全离开这个地方。

安蒂利科因此起诉柯克西违约。初审法院作出了对她有利的获偿金额为200美元的判决,柯克西上诉了。阿拉巴马州最高法院撤销了这一判决。司法意见是奥蒙德法官(Judge Ormond)撰写的,他不同意撤销该判决:

> 我的想法倾向于,原告背井离乡从60英里外的地方

---

[9] Commonwealth v. Scituate Savings Bank, 137 Mass. 301, 302 (1884).
[10] 8 Ala. 131 (1845).

搬到被告家所遭受的损失和不便,是充足的约因以支持被告允诺给她提供房子、耕种土地直到她可以支撑她的家庭为止。然而,我的同事认为,被告的允诺仅仅是赏钱(gratuity),本诉讼不是因违约而起(an action will not lie for its breach)。

直到1932年,权威却无法律约束力的《合同法重述》(第一次)出版,这种情况才得以改变。该重述第90条规定,如果允诺人的合理期待会使得受允许人对允诺的部分不作为或作为,并且确实引发了不作为或作为,那么只有通过执行允诺才能避免不公正,该允诺才有约束力。

基于第90条,法院现在几乎一致认为,已被信赖的赠与允诺是可执行的。更引人注目的是,第90条体现的信赖原则席卷了合同法,影响了这些法律领域,如要约与承诺[11]、错误[12]、救济[13],以及反欺诈法。[14] 简言之,第90条这一权威却无法律约束力的原则对合同法产生的影响,比大多数有法律约束力的规则要大得多。[15]

---

[11] *See* Drennan v. Star Paving Co., 333 P. 2d 757 (Cal. 1958); RESTATEMENT OF CONTS. 5 87 (2).

[12] *See* RESTATEMENT OF CONTS. 5 135, comment d.

[13] *See* RESTATEMENT OF CONTS. 5 349.

[14] *See* RESTATEMENT OF CONTS. 5 139.

[15] 在第90条被采纳之前,存在几个信赖使允诺可执行的具体范畴。然而这些范畴并不基于而且也不承认信赖使允诺可执行的一般原则。更重要的是,尽管这些范畴零散地支撑第90条,但第90条主要基于法律应当是什么。只是由于第90条,合同法才采纳了信赖使允诺可执行的一般原则,而且只是由于第90条,信赖原则才席卷了合同法。

39 　　同理，从 1940 年代到 1970 年代，哈佛大学法学院的塞缪尔·威利斯顿（Samuel Williston）以及耶鲁大学法学院的阿瑟·科宾（Arthur Corbin）的伟大的多卷本论著主导了合同法。法院经常像援引有约束力的先例那样援引这些论著和其他论著。下文是当代使命公司诉著名音乐公司案（Contemporary Mission v. Famous Music Corp.）[16]判决的节录，这个节录说明了主要论著在法律推理中的效力[17]：

　　　　毫无疑问，将著名公司（Famous）的唱片部门出售给 ABC，就是将系争协议（Crunch agreement）转让给 ABC。双边合同（bilateral contract）的转让既包括权利的转让又包括义务的委托。参见《威利斯顿论合同法》（第三卷）第 418 节（第三版，1960 年）。两者之间的区别很重要。

　　　　也许比其他专门术语更常见的是，律师似乎倾向于不恰当地使用"转让"一词，经常试图将独特的委托（概念）包含在该术语中……转让涉及权利的转让。委托（delegation）指委派另一个人来履行自己的义务。参见 J. 卡拉马里（J. Calamari）和 J. 佩里洛《合同法》第 254 节（1970 年）……

　　　　确实，作为一般规则，当权利被转让时，转让人在所转让权利中的权益也随之终止。然而，当义务被委托时，委托者的义务并没有被终止。

---

[16] 557 F. 2d 918 (2d Cir. 1977).
[17] 当代使命公司诉著名音乐公司案在第 8 章中予以讨论。

……"任何人都不得在未经须为之负责的一方当事人同意的情况下转让他在合同项下的责任。这是显而易见的,否则债务人就会找到一种简单实用的逃避义务的方法……"参见《威利斯顿论合同法》(第三卷)第411节(第三版,1960年)。

法律推理中对权威却无法律约束力的规则的援引,可以通过数据得到有力说明。针对16个州最高法院在1940年到1970年的司法意见的一项研究发现,几乎一半的司法意见都援引了非官方渊源——主要是重述、论著以及法学评论。[18] 相同的研究发现,对州外案例的援引占了所有州案例的四分之一。更令人印象深刻的是,美国法学会(ALI)的重述*和法律原则(Principles)**在2019年7月到2020年6月被州法院和联邦法院援引超过2700次,而且截至2020年6月,援引重述和法律原则的总次数已超过213000次。[19]

---

[18] L. Friedman, R. Kagan, B. Cartwright & S. Wheeler, *State Supreme Courts: A Century of Style and Citation*, 33 STAN. L. REV. 773, 796-808, 810-16 (1981).
* 这里的重述是指美国法学会主持制定的《合同法重述》等。——译者注
** 这里的原则是指美国法学会主持制定的《消费者合同法原则》等。——译者注
[19] 2020年8月5日美国法学会的梅甘·丁利(Megan Dingley)给麦尔文·艾森伯格的电子邮件。这些数字代表了总援引数量,而不是包含此种援引的法院司法意见的数量。例如,一个单一案例包含了对《代理法重述》(第三次)三个条文的援引,在美国法学会的数据中这算三次援引。另外,报告的援引限于从西方出版集团的《全国案例汇编系统》(West's National Reporter System Reporters)出版的司法意见中所收集的援引。Id.

第六章

道德、政策与经验命题在法律推理中的地位以及基于社会命题的新法律规则的司法采纳

普通法以规则命题与社会命题为基础。规则命题意在表述法律规则,且它们能够在法律职业群体——法官、实务律师和法律专家表述法律规则的渊源中找到。社会命题是道德命题、政策命题和经验命题。这两种类型的命题非常不同。规则命题是法律规则,社会命题则是法律规则的理由。

换言之,社会命题为法律规则提供正当性。普通法中的正当性有两种形式:遵从规则的正当性,以及规则本身的正当性。在普通法中,如果规则是上级法院或者本法院判决的有约束力先例建立的,那么法院遵从此规则就具有正当性。然而,规则是由有约束力的法律先例建立的事实并不能证成该规则。普通法规则只有得到社会命题的支撑,它才得以证成。我将社会命题证成的法律规则称为与社会命题一致的规则。

本章是对道德、政策与经验命题在法律推理中的地位的思考。

42 道德

道德命题把行为描述为正确的或者错误的,好的或者坏的,公平的或者不公平的,公正的或者不公正的,有过失的或者无过失的。这些命题在形塑美国普通法的重要领域方面发挥了重大作用,如侵权法、合同法中的重要部分和具体规则,以及个别案件的判决。

当道德与法律推理相关时,一个重要的问题是普通法法院采用什么类型的道德命题。就本问题而言,道德命题分为三种类型:法官的个人道德、批判道德以及社会道德。

法官的个人道德

法官的个人道德在普通法推理中缺乏适当的存在理由。首先,由于法官在很大程度上被排除在通常的政治程序之外,作出司法判决以及普通法司法造法的合法性(legitimacy),主要取决于采用了基于法律规则和社会标准的推理程序,而非法官认为的最佳标准的推理程序。

其次,在法律对私人至关重要的绝大多数案件中,实际情况是确定适用于行为人之法律的机构不是法院,而是律师。因此,法院使用了律师可复制的法律推理程序,以使参与规划及纠纷解决的律师能够就法律适用给出可信的建议,这是很重要的。

简言之,法院使用的可复制的法律推理模式,可用于允许私人作出个人及共同规划,以及不用去法院就可解决纠纷。然而,个人道德不具有可复制性。因此,正像卡多佐所言,"法官……不是一个侠客,侠客可为追求自己完美的、至善的理想而浪迹天涯,而法官要从神圣原则中汲取灵感"。[1]

批判道德(Critical Morality)

批判道德可以通过不同方式界定。哈特将批判道德界定为"用于批判现实社会制度的包括实证道德(positive morality)在内的一般道德原则"[2](指"特定社会群体实际共享和接受的道德")[3],或者界定为"道德水平已超过了当下所接受道德之个人所推动的多形式的开明道德批评"。[4] 批判道德的另外一个界定是在批判分析中建立起来的对错标准,批判分析并不考虑是否获得社群支撑。批判道德并未在法律推理中被采用,部分是因为批判道德存在很多学派,而且即使被采用的话,任何学派意见也只是偶然反映了社会道德;部分还因为,通常来说基于批判道德的法律推理不可能由律

---

[1] BENJAMIN CARDOZO, THE NATURE OF THE JUDICIAL PROCESS 141 (1931).
[2] H. L. A. HART, LAW, LIBERTY AND MORALITY 20 (1963).
[3] Id.
[4] H. L. A. HART, THE CONCEPT OF LAW 185 (2d ed. 1994).

师复制,因为律师不可能轻易知道法官坚守哪个学派的批判道德。

社会道德或者传统道德

社会道德或者传统道德也可以经由不同形式进行描述。哈特采用了数个术语,包括实证道德(positive morality)[5],已接受的社会道德(accepted social morality)[6],以及传统道德(conventional morality)。[7] 拉里·亚历山大和埃米莉·舍温将道德价值称为社群几乎一致同意且被社群成员接受作为他们自身行为指引的道德。[8] 本书使用的另外一个界定是,社会道德是植根于社群整体的预期而且获得社群实质支撑的道德规范。根据上述任一定义,当道德与判决一个案件或者制定法律相关时,法院采用社会道德的理由与他们不采用个人道德的理由相反。第一,法院通常没得选择而且在政治上无须担责。法院通过遵从法律规则以及社会标准来获得合法性。第二,由于社会道德是客观的而且是需遵守的,法律职业群体采用社会道德就能复制法律推理,而运用法官个人道德和批判道德的法律推理则无法复制。

---

[5] Id.
[6] Id. at 204.
[7] Id. at 169, 200.
[8] LARRY ALEXANDER & EMILY SHERWIN, DEMYSTIFYING LEGAL REASONING 9 (2008).

现在我转向侵权法和合同法这两个普通法领域，这两个领域几乎完全或者在很大程度上集中于社会道德。

侵权法

侵权法规则尤其是过错原则，主要基于社会道德，也有一些规则基于社会政策。正如多布斯(Dobbs)、海登(Hayden)、布布里克(Bublick)在《侵权法入门》一书中所表达的，"侵权法传统上就与某些道德意义上的不当行为相关联"。[9]……侵权法努力承认对他人伤害的个人责任和追责(responsibility and accountability)。侵权法主要通过给那些有过错的人分配部分或者全部责任来实现这一点。过错的问题因此就主导了侵权法的多数领域。[10]

合同法

与主要基于社会道德且另外一些规则基于社会政策的侵权法相比，合同法主要基于社会政策，仅有一些规则基于社会道德。合同法植根的基本社会政策是，促进与执行交易在社会意义上是可取的。合同法的很多具体规则也是基于政策

---

[9] DAN B. DOBBS, DAVID T. HAYDEN & ELLEN M. BUBICK, HORNBOOK ON TORTS 4 (2d ed. 2016).

[10] Id. at 12.

的。例如,基于公共政策,不合理限制贸易的允诺是不可执行的。[11] 限制婚姻、损害婚姻关系、影响监护、实施侵权行为、诱使违反忠实义务、干预他人合同或免除故意或重大过失所致的责任等允诺也同样如此。[12]

鉴于促进和执行交易的强力政策理由,根据19世纪中期到20世纪早期盛行的现在被称为古典合同法思想学派的观点,道德约因(moral consideration)在合同法中严重缺位,而且根据交易原则,交易会依据其条款执行,因而不太考虑或者不考虑公平也就不令人惊讶了。相比而言,在现代合同法中,尽管促进和执行交易依然是核心,但三个基本领域中以及这些领域之外的很多规则却都诉诸社会道德。这三个基本领域是信赖、显失公平(unconscionability)和善意(good faith)。

信赖

根据古典合同法中的存在较少例外的交易原则,只有交易允诺(bargain promise)才具有可执行性。推论是,除了少数例外,受允诺人对未交易之允诺的信赖(unbargained-for reliance)不能使该允诺具有可执行性。此规则在道德上没有正当性,因为作出允诺的允诺人可合理预见到受允诺人会依赖允诺,允诺人在受允诺人遭受损失后违反了此允诺,而如果没有

[11] RESTATEMENT OF CONTRACTS section 186.
[12] Id. sections 187-95.

第六章　道德、政策与经验命题在法律推理中的地位以及基于社会命题的新法律规则的司法采纳

该允诺受允诺人本不会遭受该损失,根据允诺应当遵守的通常假设,允诺人是有过错的。因为此规则与社会道德不一致而且未受到政策支持,该规则就不可避免地要被推翻了。随着本书第五章讨论的 1932 年的《合同法重述》(第一次)第 90 条的发布,就已经开始推翻该规则。由于第 90 条适用于允诺的可执行性,所以它通常被称为允诺禁反言(promissory estoppel)原则。

第 90 条虽然不是法律,但作为《合同法重述》(第一次)的条款,它具有权威性。而且由于第 90 条的采纳,信赖已经成为美国合同法的嵌入式原则。确实,基于信赖原则的道德力量,它的适用已经超越了允诺的可执行,而延伸到包括救济、错误、意外事件、要约与承诺以及反欺诈在内的诸多领域。

显失公平原则

现代合同法的另一个重要发展是,显失公平的合同不可执行这一原则的出现。显失公平是一个道德概念——是指与好的道德良心不一致或者严重不公平。在古典合同法下,显失公平原则没有得到承认。相反,根据交易原则,交易可以根据其条款执行,不用考虑公平。然而自 1960 年代起,合同法的立场在《统一商法典》第 2—302 条的推动下发生了根本变化。该条规定,在货物买卖合同中,如果法院发现合同或者合同的任何条款在合同订立时是显失公平的,那么法院可以拒绝执

行该合同,或者法院会执行消除该显失公平条款的合同剩余部分,或者法院会限制任何显失公平条款的使用以避免出现任何显失公平的结果。

《统一商法典》是制定法,并非普通法的一部分。然而,正像《合同法重述》(第一次)第90条虽然不是法律却有权威性且该条所包含的原则席卷了合同法一样,涉及货物买卖合同条款部分的第2—302条所包含的显失公平原则,也席卷了合同法。

显失公平原则太抽象了以至于不能直接适用于大多数案件裁判。相反,该原则的重要性在于,它可以产生能够直接适用的具体规则。这些规则包括:

- 禁止不公平的惊讶*。不公平的惊讶发生于如下场合:一方当事人A将一个不利于相对方B的条款插入合同,而且A知道或者应当知道该条款在A的合理预期之外,B大概不会注意到该条款,而且即使注意到了也不太可能理解该条款;

- 禁止哄抬价格。哄抬价格发生于如下场合:卖方利用了暂时的市场崩溃,诸如管制或者地震,要求远高于崩溃前市场价格的价格。

- 禁止利用无交易行为能力(transactional incapacity)。利用无交易行为能力出现于如下场合:A利用B缺乏能力、经

---

* 也称为"突袭条款"。——译者注

验或者就复杂交易可取性作出知情决定的判断力的弱点。

善意义务

基于社会命题的第三个合同法原则是善意义务——善意在此处是道德上适当态度的替代词。《合同法重述》(第二次)第205条表达了该义务:"每个合同都在合同履行和执行中给各方当事人施加了善意和公平交易的义务。"

该义务可以表达为不同的形式。例如,在市场街联合有限合伙诉弗雷案(Market Street Associates Ltd. Partnership v. Frey)[13]中,波斯纳法官(Judge Posner)认为,合同当事人有不利用相对方对合同条款明显疏忽的善意义务。在格里尔地产公司诉拉萨尔国家银行案(Greer Properties, Inc. v. LaSalle National Bank)[14]中,提供给格里尔的不动产买卖合同包括如下条款,即随后要求卖方清理该财产上的环境废物,清理在经济上不可行的情况除外。卖方随后聘用了一个土壤顾问,她为该清理提供了非常低的估价。因此,卖方根据清理条款终止了合同,并且与第三方订立了合同,第三方同意支付的价格高于格里尔同意支付的价格。法院认为,在卖方终止与格里尔合同的真实目的是以更高价格出售该地产时,卖方援引清理条款违反了善意义务。

---

[13] 941 F. 2d 588 (7th Cir. 1991).
[14] 874 F. 2d 467 (7th Cir. 1989).

除了合同法的这三个领域，社会道德也出现在很多更具体的规则中。例如，如果 A 开始提供使 B 受益的服务，A 和 B 没有就这些服务订立合同，但是 B 知道或者有理由知道，A 期望就该服务获得报酬，而且 B 不费力气就能告知 A 其不会支付报酬，那么公平起见，B 应当告知 A。因此，如果 B 保持沉默，那么 B 就应当对 A 服务的价值承担责任。[15] 同理，假设卖方的销售员就该货物请求买方提出报价，他也受到卖方承诺的约束。卖方知道或者应当知道，在买方等待卖方回话时，买方不能从第三方购买同类商品，因为如果卖方接受了买方的报价，买方的货物就过量了。在这些情况下，买方对卖方会创设如下合理预期：如果卖方无意于接受卖方销售人员索要的报价，他就会告知买方。因此，公平起见，如果卖方无意于接受报价，他就应当通知买方或者基于报价的条件承担合同责任。这就是目前的规则。[16]

法律实证主义（Legal Positivism）

　　在思考道德在法律推理中的地位时，我们需要考虑被称为法律实证主义的思想学派。哈特是顶尖的现代法律实证主义者，我会聚焦于他的观点。法律实证主义的核心主张是，法律与道德是分离的。确实，这就是哈特著名的《实证主义与法

---

[15] See, e. g., Day v. Caton, 119 Mass. 513 (1876).
[16] See, e. g., Ammns v. Wilson & Co., 170 So. 227 (Miss. 1936).

和道德的分离》一文的核心。[17] 哈特文章的标题从字面上理解是非常清晰的,然而这个标题却是不正确的,因为如上所证,道德至少在美国普通法的两个重要的部门法——侵权法和合同法中发挥着重要作用。然而,哈特的标题不应当仅从字面上理解,因为哈特同意,道德在法律中发挥着重要作用。因此,例如在《法律的概念》(The Concept of Law)中,哈特声明:

> 毋庸置疑,在所有时空中,法律的发展都事实上受到如下事项的深刻影响,即传统道德、特定社会群体的理想,以及个人推动的开明道德批判,这些个人的道德水平已经超越了当下接受的道德……
>
> 每一个现代国家的法律,都表明了公认的社会道德和更广泛的道德理想在各个方面的影响。这些影响要么通过立法突然且公开地进入法律,要么通过司法程序悄悄而零星地进入法律……
>
> 法律反映道德的方式……包罗万象……
>
> 没有任何"实证主义者"会否认,这些是事实或者否认法律制度的稳定性部分取决于合乎道德。如果这就是法律与道德的必要联系的话,那么它们的存在就应当被承认。[18]

---

〔17〕 H. L. A. Hart, Positivism and the Separation of Law and Morals, 71 HARV. L. REV. 595 (1958).

〔18〕 H. L. A. HART, THE CONCEPT OF LAW 185, 203-04 (2d ed. 1994).

就此打住是很诱人的,以哈特为代表的法律实证主义与法律规则是基于道德的观点之间并无不一致。毕竟,这正是哈特所说的。然而,这没有充分解释哈特在法律与道德上的观点(以及更普遍的法律实证主义的观点),因为这些观点包括了法律与道德关系的两个重要的信条,对这两个信条也需要进行思考。

第一个信条是,法律规则的有效性并不取决于规则合乎道德。至少如果我们将希特勒第三帝国通过的很多制定法等极端情况放在一边不谈,那么此信条确实对制定法适用,但其并不恒定地适用于美国普通法。大多数普通法规则开始时可能得到社会道德、社会政策的支撑或者两者的共同支撑。然而,社会命题会随实践而演化,而且它们经常以如下方式演化,即在开始时受到社会命题支撑的规则逐渐失去此种支撑。失去此种支撑的规则就没有了根据并且成为被推翻(overruling)的候选项,即使在该规则被明确推翻以前,此规则的持续有效性也是可疑的。(我并不主张,法律规则必须具有道德性或者道德规则是法律制度的一部分。事实远非如此:制定法规则即使是不道德的通常也是有效的,且道德规则本身并非法律规则。例如,人应当遵守允诺是基本的道德原则,但允诺本身在法律上并不必然具有可执行性。)

哈特的第二个信条是,法律中存在应然(ought)和实然(is)的截然区分。如今,应然和实然当然是不同的概念。然

第六章 道德、政策与经验命题在法律推理中的地位以及基于社会命题的新法律规则的司法采纳

而,在美国普通法中,应然经常变成实然,就像一个儿童变成成年人一样。而且正像经常难以说清儿童什么时候变为成年人一样,在美国普通法中也很难说清应然什么时候变为实然。

以上面讨论的合同法中的信赖原则为例。在1932年之前,可以说对允诺的可预见信赖*应当*使允诺具有可执行性,但是不能说,对允诺的可预见信赖*确实*使允诺具有可执行性。然而在1932年《合同法重述》(第一次)第90条被采纳后,允诺禁反言原则得到几乎一致认可,每一个法学院都这么教:允诺禁反言是法律,而且论著的黑体字表述是可预见信赖使允诺具有可执行性,对允诺的可预见信赖*应当*使允诺具有可执行性的原则,逐渐变为可预见信赖*确实*使允诺具有可执行性,即使在那些法院没有机会如此判决的州也是如此。换言之,在一个即使尚无机会就该问题发表意见的州,有学识的、适格的律师也会确定地建议他们的客户:尽管在他们的州没有任何案件是这么判决的,但如今可预见信赖仍使允诺具有可执行性。

或者以显失公平为例。在1962年之前,简直可以说显失公平*应当*使合同不可执行,但是不能说显失公平*确实*使合同不可执行。然而,在1962年《统一商法典》第2—302条通过后,显失公平的合同不具有可执行性的观念已经被很多州接受,所有法学院也都这么教,而且在论著中也被表述为法律。该观念就逐渐变为显失公平的合同不具可执行性的原则。

故而,不管制定法的情况如何,美国普通法毕竟是法律,

法律中实然和应然总是存在明显区分的信条之概括表述是不准确的。

为什么哈特以及其他法律实证主义者没有注意到,正如美国普通法所证明的那样,在任何具体的法律制度中,应然都可能变成实然;蜕变发生的那一刻可能难于确定;法律规则的持续存在以及它们的持续有效性,会取决于与社会道德的一致性吗?也许这是因为哈特并不非常熟悉美国普通法和美国普通法推理吧。另外,英国并没有重述*的对应物,英国普通法法院似乎并不像美国普通法法院那样尊重法律论著(legal treatise),而且英国法是单一法域,因此,经常通过重述、主导性论著及多法域案例将美国普通法从应然转化为实然,这是英国所没有的。[19]

因此,正如朱尔斯·科尔曼(Jules Coleman)以及布赖恩·莱特(Brian Leiter)所指出的,"对实证主义者来说,中心人物是造法者或者立法者,而不是法官"。[20]

---

* 这里的重述是指诸如《合同法重述》(第二次)、《财产法重述》(第二版)等。——笔者注

[19] 也存在法定的英国委员会(British Law Commission),但是其主要功能是向国会建议废除过时的法律、简化过度复杂的法律,以及针对备受瞩目的社会问题制定新的法律方案。参见 The Law Commission, THE WORK OF THE LAW COMMISSION。

[20] Jules Coleman & Brian Leiter, *Legal Positivism*, in A COMPANION TO LEGAL THEORY 228, 229 (Dennis Patterson ed., 2d ed. 2010).

第六章　道德、政策与经验命题在法律推理中的地位以及基于社会命题的新法律规则的司法采纳

政策(POLICIES)

相比于道德规范将行为描述为正确的或者错误的、好的或者坏的、公平的或者不公平的、公正的或者不公正的,政策将事务状态(states of affairs)描述为有利于或者不利于公共福祉(public welfare)。社会政策(Social policies)是获得社群实质支撑的政策,或者是在没有明确支撑时,如若提出该问题则有理由认为会获得实质支撑的政策。

社会政策大量出现于普通法推理中,因为当法院制定一个新规则或者修订一个既有规则时,它必须常常考虑新规则或者修订的规则是有利于还是不利于公共福祉。而且正如当法院将规则立基于道德时,它们就采用社会道德,当法院将规则立基于政策时,它们就采用社会政策。

法院如何确定社会道德或者社会政策呢? 第一,法官几乎总是社会中有经验的成员,而且知道什么政策会获得实质的社会支撑,或者如果社群明确提出相关问题是否会获得此种支撑。第二,判断什么构成社会道德或者社会政策,并不限于个别司法判决的狭隘领域。反而,在更广阔领域的讨论中、在姊妹法院的判决中、在职业组织的会议中、在法律评论的文章以及法律论著中,他们也受到批评。如果法院弄错了社会道德或者社会政策,这些领域的批评可能会将法院的观点限于单一的判决。

确实,在诸如堕胎等道德问题以及诸如强制注射疫苗等政策问题上,社会中存在高度分歧。然而,诸如此类有高度分歧的问题,罕见出现于普通法中。相反,普通法主要涉及相对清晰或简单(low-key)的问题,如故意或者过失伤害他人或者诽谤他人是否是不当行为,或者执行交易是否是好的政策等。

我会聚焦于社会政策在合同法和侵权法中的地位。正如上文所证明的,合同法的很多或者大多数内容都基于社会政策。侵权法的数个领域也是如此。其中一个领域涉及诉讼过程中的行为。正如多布斯、海登和布布里克在《侵权法入门》(Hornbook On Torts)一书中所表明的:

> 几乎每个直接参与诉讼的人都对诉讼中或者诉讼准备中进行的交流享受绝对豁免,以免诚实者因害怕担责而不敢发声。不仅如此,法官也免于根据他们有管辖权案件的判决而被起诉,即使判决是错误的甚至是恶意的也是如此……证人也被豁免(在涉及专家证人时,有几个州存在有限的例外);即使为一个明知的谎言作证的人也不必对那些受其证言伤害的人承担责任……公职检察官、大陪审团以及处在相似地位的人也对他们的起诉决定以及审判行为绝对免责。[21]

侵权法中严格责任的各种规则也基于社会政策。典型的

---

[21] DAN B. DOBBS, PAUL T. HAYDEN & ELLEN M. BUBICK, HORNBOOK ON TORTS 1024-25 (2016).

第六章 道德、政策与经验命题在法律推理中的地位以及基于社会命题的新法律规则的司法采纳

情况如本人对其代理人在雇佣过程中实施的侵权行为承担替代责任[22];主人就其知道的异常危险宠物所产生的伤害承担严格责任[23];私人所有者就其饲养的野生动物产生的损害承担严格责任。[24]

除了一般领域,如诉讼豁免以及替代责任和严格责任,很多个别的侵权法判决也基于政策。例如,在加利福尼亚州最高法院判决的瓦西连科夫诉格雷斯家庭教会案(Vasilenko v. Grace Family Church)[25]中,瓦西连科夫在穿过教会和车位已满的教会停车场之间的街道时受到伤害。他起诉了教会,理由是教会对教区居民(parishioner)有义务警告他们穿过街道到车位已满的停车场时有危险,而没有这么做就有过失。《加利福尼亚民法典》(California Civil Code)第714条规定,每人都有在自己的活动中对他人的安全给予合理注意的一般义务。加利福尼亚州最高法院就从这条开始,但补充说,法院应当在有明确的公共政策支撑时创设例外,并且认为公共政策支持在本案中创设例外:

> 瓦西连科夫……认为,土地所有人可能通过张贴标志来警告穿过街道的危险。但是,穿过公共街道中间的危险是显而易见的,而且通常并无任何义务警告如此显

---

[22] Id. at 73–75.
[23] See id. at 779–80.
[24] See RESTATEMENT OF TORTS section 22.
[25] 3 Cal. 5th 1077, 1088, 1090. (2017).

而易见的危险……尽管一部分人可能没有理解这一显而易见的危险,但"要求考虑到这些人而(施加)警告,会产生如此大量的警告,这将降低那些服务于更重要功能的警告的价值"。[《侵权法重述》(第三次)之"身体和精神伤害的责任"第18条评论f,第208页。]

我们也必须考虑到此种可能性,即在本案中确认此义务会导致一些或者很多土地所有者停止提供停车位……尽管土地所有人未被要求为他们的受邀人提供停车位,然而对土地所有人来说这么做在社会意义上是非常可取的。提供停车位减少了拥堵及相关的危险。找停车位的司机会更少关注于(不找停车位的)司机会关注的其他危险。通过比其他司机开车更慢,或者偶尔停车等待车位腾出,或者突然加速去抢一个空车位,他们也会扰乱车流秩序。与受邀人自己去找街道停车位相比,土地所有人提供停车位的行为可以降低受邀人受其他道路危险伤害的风险。

同理,在格雷戈里诉科特案(Gregory v. Cott)[26]中,科特是一位有暴力倾向的阿尔茨海默症患者,她的丈夫没有将她送去养护机构,而是与名叫格雷戈里的护工在家供养她。在一次冲突中,科特用刀将格雷戈里严重割伤,格雷戈里对科特和她的丈夫提起诉讼。根据加利福尼亚州的法律,阿尔茨海

---

[26] 39 Cal. 4th 1112. (2006).

第六章　道德、政策与经验命题在法律推理中的地位以及基于社会命题的新法律规则的司法采纳　075

默症患者在机构场景中不承担对护工造成的伤害的责任,但是法律就阿尔茨海默症患者对家庭护工造成的伤害没有相应规则。法院作出了对被告有利的判决,因为"非常清楚,加利福尼亚州的公共政策支持这些帮助在家中供养患者的替代安排。将机构护理(institutionalization)作为最后手段之现代观,鼓励家庭保留训练有素的家庭健康护理人员,来监督和帮助晚期阿尔茨海默症患者"。

当然,在诸如堕胎等一些道德问题以及诸如强制注射疫苗等政策问题上,社会中确实存在高度分歧。然而,此类有高度分歧的问题并不经常出现在普通法中。相反,普通法主要涉及相对清晰或简单的问题,如故意或者过失伤害他人或者诽谤他人是否是不当行为、执行交易是否是好的政策,或者采纳会导致家庭将阿尔茨海默症患者送去养护机构而非在家里照顾他们的规则,是否为糟糕的政策。

尽管在建立或修正普通法规则时,法院应当考虑政策这一非常强大的理由,而且政策在普通法中确实也获得了广泛使用,但德沃金仍主张,"民事案件中的司法判决典型地……应当由原则而非政策指引"。[27] 德沃金将其主张立基于如下三个论点。

第一,德沃金认为,涉及经验问题,"民事案件中的司法判决……典型地……受原则而非政策指引"[28],此处的原则意

---

[27] Ronald Dworkin, Hard Cases, 88 HARV. L. REV. 1057, 1060, 1063 (1973).
[28] Id.

指道德原则。如上所证明的,该主张是不正确的。绝大多数案例基于社会政策。

第二,德沃金认为,社群应当受到由多数人选举且对多数人负责之人的治理,而且由于法官大多数不是选举产生的且不对选民负责,因此法官不应当制定法律。[29]然而,这个论点是有缺陷的。一个机构是由被多数人选举和对多数人负责的人构成之事实,只是合法性的来源之一,但并非唯一来源。机构服务于公共利益,是另一个合法性来源,且在制定私法时,法院就是在做这个事情。让法院考虑社会政策并非不可取,不可取的是法院不考虑社会政策。最后,如果法院不应当制定法律,那么必须将普通法从书本中抹去,因为它就是由法官制定的。

第三,德沃金主张,"如果法官制定新的法律且溯及适用于目前案件,败诉方会因此受到惩罚,但他不是因为已负有某些义务而被惩罚,而是因为该事件发生后创设的义务而被惩罚"。[30] 此论点是错误的,因为几乎所有普通法规则都具有溯及力。

经验命题(EMPIRICAL PROPOSITIONS)

几种类型的经验命题在普通法的法律推理中发挥着作用。一种类型是对人类行为的司法观察,如配偶不能相互作

---

[29] Id.
[30] Id. at 1061.

第六章 道德、政策与经验命题在法律推理中的地位以及基于社会命题的新法律规则的司法采纳 077

证的规则。另一种是采纳或者不采纳一个具体规则之效果的司法预见。经验命题也经常是社会政策的基础。例如,在合同法中,赞同促进和执行交易的政策基于如下经验命题,即交易通过贸易创造了收益以及交易的执行促进了规划。同理,在侵权法中,诉讼中的交流要绝对免责主要基于如下预测,即在没有绝对免责时,诚实的声音就会因为惧怕担责而保持沉默。

规则是好的还是坏的,结论由法院通过经验观察或预测的方式得出。例如,回想下,在瓦西连科夫诉格雷斯家庭教会案中,瓦西连科夫在穿过教会和车位已满的教会停车场之间的街道时受到伤害。他起诉了教会,理由是教会对教区居民有义务警告,他们穿过街道到车位已满的停车场时会有危险,而它没有这么做就有过失。法院拒绝了瓦西连科夫的主张(argument),依据是由经验观察和预测支撑的社会政策。法院首先进行经验观察,穿过街道的危险是显而易见的而且大多数人会理解该危险。然后,法院进行了经验预测,为顾及不理解该危险的少数人而要求警告会产生大量警告,而这会降低那些服务于更重要功能之警告的价值。法院也预测到,在这些情况下对土地所有人施加注意义务,会产生重大的负担。具体来说,想提供停车位的土地所有人将必须作出提供停车位以及确保停车位相对安全这一困难的决定,必须持续监督穿过街道的危险,同时还需要招聘雇员帮助受邀人穿过街道。这些负担会非常不可取地阻碍土地所有人提供停车位。

同理,在格雷戈里诉科特案中[31],法院认为,危险的阿尔茨海默症患者不应当对他们给家庭护工造成的伤害承担责任,判决基础是如下预测,即责任的施加会抑制家庭成员为他们的亲人招聘家庭护工的做法,激励亲人把他们送到养护机构去护理。这是不可取的,因为从社会政策的角度来看,家庭护理比机构护理更应当受到鼓励。

正如瓦西连科夫案和科特案所证明的,非常典型的是,法院对他们的观察和预测不提供任何证据或者只提供很少证据,要么是因为他们没有认识到他们信赖了未经证实的事实,要么是因为他们认为他们的观察和预测是不言自明的。

新规则的司法采纳

在普通法中,有三种类型的规则出现在基于规则的法律推理中。其中的两种类型已经在前些章中有所讨论,分别是有约束力的法律先例建立的规则(第二章)和权威却无法律约束力的规则(第五章)。第三种类型的规则是法院以社会命题为基础采纳的新规则。

第三章讨论的哈德利诉巴克森代尔案就是这种规则的主要案例。哈德利案中的问题是,在违约损害赔偿情况下,违约与要判予的损害赔偿的联系是什么?在哈德利案之前,检测

---

[31] 59 Cal. 4th 996 (2014).

第六章　道德、政策与经验命题在法律推理中的地位以及基于社会命题的新法律规则的司法采纳　079

标准(test)是损害赔偿是否为违约的自然且必要的结果，或者是否离违约太过遥远。在哈德利案中，法院采纳了一个不同的新规则：损害是否可以公平合理地被认为是自然发生的，即根据事务的通常进程，损害是由违约本身所引起的，或者损害是否可以合理地被认为是双方当事人在订立合同时已经预料到的违约可能结果。法院以经验命题为基础采纳了这个规则：如果已经知道当事人的特殊情况，那么他们会通过那种情况下损害赔偿的特殊条款对违约进行约定，剥夺他们的此种优势是非常不公正的。

　　基于社会命题之新法律规则的司法采纳的另一个例子，是关于比较过失原理的。直到20世纪中叶，被称为共同过失的几乎统一的规则是，如果原告的伤害既因被告的过失又因原告自身的过失而产生，那么原告就被禁止提起诉讼。很多州的立法机关以比较过失取代了共同过失，在比较过失下，原告未被禁止提起诉讼但其赔偿金额会根据比较过失的比例相应减少。1973年，此原则在佛罗里达州最高法院判决的霍夫曼诉琼斯案(Hoffman v. Jones)中[32]被法院采纳：

　　……我们今天所面临的一个最紧迫的社会问题是汽车交通事故问题，因为大部分侵权诉讼涉及汽车这种危险工具。我们的社会必须关注事故预防以及事故受害人赔偿……事故预防当然比受害人赔偿更理想，但是我们

---

〔32〕　280 So. 2d 431, 436–37 (Fla. 1973).

也必须承认,确定有适当诉因的事故受害人获得公正和充分赔偿的方法是个难题。

当代条件必须合乎当代标准,这些标准是现实的,是为了在所涉所有当事人之间实现公正而更好地计算出来的,同时是以适用的情况为基础的。共同过失规则完全禁止索赔,也被法官引入法律中。不管该规则的历史正当性是什么,现在几乎一致认为该规则是不公平也是不公正的,即将全部意外损失归咎于一方,而该方的过失行为加上另一方当事人的过失造成了损失。如果过错依然是是否承担责任的检测标准,那么比较过失即与以过错为基础的责任更为一致,前者涉及在过失共同导致损失的当事人之间分配损失⋯⋯

抛弃共同过失理论的一个原因是,最初建立完全抗辩的正当性不再有效了⋯⋯然而,现代经济和社会习惯有利于个人而非工业界。

我们发现,在否定某种程度上导致自己伤害之原告获得任何赔偿的正当理由中,没有一个理由还在这个时代继续有效。[33]

法院以社会命题为基础采纳的其他新法律规则中有一个是隐私权。隐私权始于乔治亚州最高法院1905年判决的帕韦西奇诉新英格兰人寿保险公司案(Pavesich v. New England

---

[33] Id. At 436-437.

Life Ins. Co.)[34]以及堪萨斯州最高法院在1918年判决的孔兹诉艾伦案(Kunz v. Allen)[35],最终全美国的法院都予以采纳。法院以社会命题为基础采纳的其他新规则还包括新房建筑商的适合性默示担保[36]、出租公寓之房东的适居性担保。[37] 更广泛地说,很多甚至是所有的普通法,都曾经是由法院以社会道德、社会政策和经验为基础采纳的新规则构成的。

---

〔34〕 122 Ga. 190 (1905).
〔35〕 102 Kan. 883 (1918).
〔36〕 See, e. g., Waggoner v. Midwestern Development, Inc. 154 N. W. 2d 803 (S. D. 1967).
〔37〕 See, e. g., Javins v. First National Realty Corp., 428 F. 2d 1021 (D. C. Cir. 1970).

第七章

法律规则、法律原则与法律标准

普通法包括三种类型的规范:法律规则、法律原则与法律标准。本章涉及这三种类型的规范。

法律规则

在普通法中,法律规则是相对具体的法律规范,此类法律规范要求行为人以规定方式(specified)作为或者不作为,允许或者禁止规定类型的安排或者处分,或者为规定的不当行为设定救济。

在《规则的模式》(The Model of Rules)一文中[1],德沃金探讨了一个相当不同的规则描述。"我当下的目的"他说,"是要在一般意义上(in the generic sense)区分原则与规则……法律原则与法律规则的不同仅是逻辑上的区别"。[2] 他说,这个逻辑上的区别就是,规则具有全有全无(all-or-nothing)的特点,而原则没有这个特点。

---

[1] Ronald Dworkin, *The Model of Rules*, 35 U. CHI. L. REV. 14 (1967).
[2] *Id.* at 23, 25.

这是不正确的。尽管规则相对具体,但它们并不以全有全无的方式适用。非同寻常的是,德沃金既没有界定法律规则又没有举出法律规则的一个例子。他的确给出了*规则的一个例子*,但是该规则不是法律规则,而是一个棒球规则。他说,"如果我们不是在*法律中*而是在规则主导的一些活动中——例如比赛——来看规则的运作方式,那么全有全无的规则就看得最清楚了。在棒球比赛中,一个规则规定,如果击球手三次击球,他就出局了……只有捕手丢球,已经三击不中的击球手才不会出局"。[3]

这是一篇非凡的文章:德沃金承认,如果我们观察法律规则在法律中的运行方式,那么很明显法律规则之全有全无的特征就看不到了。相反,他被迫用一个棒球规则来阐明他的论点。他被迫使用棒球规则的理由是,法律规则不像棒球规则,*并没有全有全无的特征*。正如弗雷德·肖尔所言:

> 德沃金主张……规则的特征是,一经适用就是终局性的,但此情形似乎并不忠于日常经验。当我为了把一个受伤的孩子紧急送往医院而超速行驶时,或者当一个严格遵守教规的犹太人为了避免饥饿而吃猪肉时,可适用规则的正当性已经被更紧要的考量所压倒。当然,如

---

〔3〕 *Id.* at 25 (emphasis added).德沃金对棒球规则的描述是不准确的。该规则不是击球手三次击球,倘若捕手丢球,他就不出局了。相反,该规则是,如果第三次击球未被接球手接住,且一垒未被占据或一垒被占据且有两次出局,则已经三次击球的击球手成为跑垒手。OFFICIAL BASEBALL RULES 6. 09 (2014 ed.).

果非得说它们是什么的话,那么它们都是规则,就像在与刚才提到的情况具有可比性的情况下,规则通常会被推翻一样。在这些和无数其他例子中,可适用规则所提供的行动理由在特定情况中并不足以抵制其他考量所提供的行动理由,其中一些考量可能是其他规则,但并不需要是其他规则。[4]

或者,正如哈特和萨克斯所指出的:"制定一个可适用于任何大规模交易的法律规则的同时,还不留下……不确定性,几乎是断然不能的。"[5]

法律原则

法律原则是相对一般的法律规范。德沃金也提出了一个不同的进路——事实上,是两个不同的进路,然而这两个进路都是无法证成的。

第一种进路是,德沃金认为,原则之所以是"要遵守的标准,并非因为它会提出或者保证可取的经济、政治或者社会状况,而是因为它是正义、公平和某些其他向度之道德的要求"。[6] 这是道德原则的一个好的定义,但并不是法律原则

---

[4] FREDERICK SCHAUER, PLAYING BY THE RULES 115 (1991).

[5] HENRY M. HART, JR. & ALBERT M. SACKS, THE LEGAL PROCESS 139 (1994) (prepared from the 1958 Tentative Edition by William N. Eskridge, Jr. and Philip P. Frickey).

[6] Dworkin, *supra* note 1, at 23.

的好的定义。例如,合同法中的交易原则要求交易通常据其条款执行。该原则几乎完全建立在如下基础之上,即其会促进被认为是可取的经济状况。即使违反交易合同的救济是预期损害赔偿这一合同法原则也是如此,预期损害赔偿将受允诺人置于如果合同履行其所处的地位。很多其他法律原则,包括证据原则和财产法原则,之所以成为要遵守的标准,是因为基于它们的命题会确保可取的经济或者社会状况。

第二种进路是,德沃金认为,原则在逻辑上不同于规则,因为规则具有全有全无的特征,而原则并没有该特征。然而,真实情况是,原则没有全有全无的特征,规则也没有全有全无的特征。因此,在此方面,原则不可能与规则区分开来。

法律原则与法律规则之间存在不同,但是法律规则以全有全无的方式适用而法律原则却并不如此运行的命题,并非其中之一。相反,这些不同是:

法律规则是相对具体的法律规范,而法律原则是相对一般的法律规范。

基于一般性,法律原则能够产生、解释和证成法律规则。相比而言,基于具体性,法律规则不能产生、解释或者证成法律原则或者其他法律规则——只有有限的例外,即新原则偶尔会被制定出来,部分理由是其证成了一众先前独立的法律规则,且这些规则尚未被一个原则证成过。

由于法律规则是相对具体的,大多数法律规则能够不经阐释或者仅需要很少的阐释就能用来裁判案件。相比而言,由于法律原则是相对一般的,很多或者大多数法律原则必须经过阐释才能用于裁判案件。例如,就受要约人接受要约的权力因其拒绝要约而终止这一规则而言,法院可以不经阐释就裁判受要约人因为拒绝要约失去了承诺权。相比而言,法院通常不能未经阐释就裁判合同是显失公平的,因为显失公平原则太抽象了,经常不能未经进一步阐释就证成一个结论。相反,法院通常会通过运用显失公平原则产生的相对具体的规则来解决显失公平案件,如不公平惊讶*以及哄抬价格是显失公平的。

法律标准

法律推理中使用的"标准"一词有两个不同的意思。有时,这个词语作为一个包含了所有法律规范(规则、原则和标准)的集体名词予以使用。这个意思没有任何实质意义。

另外,该词也用来指处于具体性之外部界限(the outer limit of specificity)的立法性规则(legisla-tive rules)。此类标准的一个子类是,在被采纳的那一刻不具可适用性的规则,因为此规则只有经过行政机构的解释才能够适用。它们被称为延期标准(deferred standard)。不像立法机关,法院很少设立在未来才能适用的规则。

---

* 也称为"突袭条款"。——译者注

规则和延期标准存在一个根本不同。法院能够采纳规则,但通常不能采纳延期标准。原因是,法院通常只采纳适用于目前诉讼人和未来行为人的规则,而且除了少数例外,法院并不采纳只适用于未来行为人的规则。[7]

---

[7] 在有限数量的案件中,法院推翻了一项既定规则,而且使新规则部分或全部具有未来性——这种技术被称为未来推翻。在最简单的案件中,新规则被制定出来以适用于法院审理的目前案件以及在该案件判决后发生的交易或事件,但不适用于判决前发生的交易或事件。See, e. g., Williams v. Detroit, 364 Mich. 231 (1961).在一些情况下,新规则被制定出来甚至不适用于法院审理的目前案件,而仅适用于在规定的未来日期之后发生的事件或交易。See, e. g., Spanel v. Mounds View School District No. 621, 264 Minn. 279 (1962).还有其他变化。对于未来推翻的大量讨论,see MELVIN ARON EISENBERG, THE NATURE OF THE COMMON LAW 121-32 (1988)。

第八章

普通法规则的延展性

法律规则要么是教规性的,要么是延展性的。教规性规则是固定的,它不能以不同形式表达,不会变化,而且不能有例外。制定法是教规性规则的主要形式。相比而言,延展性规则能够以不同方式表达,可以变化,而且可以有例外。普通法规则就是延展性规则的主要形式,它们可以不同形式表达,可以变化,而且可以有例外。

伟大的英国法哲学家哈特极好地发展了著名的规则有核心和周边的观念。

……一个法律规则禁止你带车辆进入公共公园。通常,这个规则禁止的是汽车,但是自行车、旱冰鞋、玩具汽车呢?飞机呢?就该规则的目的而言,就像我们所说的,这些东西是所称的"车辆"吗?如果我们要相互沟通,或者正如在大多数初级形式的法律中,我们要表达某种类型的行为应当受到规则管制的意图,那么我们适用的一般性词汇——如我们考虑的"车辆"——肯定有一些词语适用是完全没有疑问的标准情况。肯定存在有确定意义的核心,但是也同样会存在有争议情况的周边。在此种情况下,词语既不是显然可适用的,又不是显然排除适用的。这些情况与标准情况相比,都有一些共同特点:它们要么缺少标准情形中存在的其他特征,要么拥有标准情形中并不存在的其他特征。[1]

运用核心和周边的区分,一个普通法规则得以经由以下方式表达出来:通过对规则核心的一种以上的表述,通过核心意思的演变,通过核心之例外的发展,或者通过规则周边的改变。在每一种情况下,核心仍在,尽管它是以修正形式存在的。

普通法规则核心之不同表示的例子涉及以下规则,即只有在违约损害充分确定时,法院才能判予损害赔偿。该规则核心的一种表示是,基于概率的损害并不充分确定。例如,在肯福德公司诉伊利县案(Kenford Co. v. Erie County)[2]中,伊利县与穹顶体育场公司(Dome Stadium, Inc.)(DSI)签订合同,根据该合同,伊利县要建一个穹顶体育场。而且在该体育场建成后,伊利县会与DSI就DSI运营体育场协商40年的租赁合同。如果不能达成租赁合同,当事人会根据合同附录所定条款签订DSI运营体育场的协议。然而,伊利县没有建造体育场,因此违反了合同。DSI起诉要求损害赔偿,损害赔偿是其根据协议的合同附录会赚取的利润,伊利县以DSI的损害

---

[1] H. L. A. Hart, *Positivism and the Separation of Law and Morals*, 71 HARV. L. REV. 593, 607 (1958).

[2] 67 N. E. 2d 57 (1986).

不充分确定为由抗辩。尽管"DSI 呈交了大量专家证据"以及证明了该事实"DSI 选择计算损害的程序与当代经济理论一致而且通过公认专家之证言的形式展示",纽约上诉法院（New York Court of Appeals）仍以 DSI 的证据仅仅构成推测（projections）为由作出了对伊利县有利的判决。

根据确定性规则核心的另一个替代表示,基于概率的损害可能是充分确定的。例如,在罗姆博拉诉科辛达斯案（Rombola v. Cosindas）[3]中,罗姆博拉同意从 1962 年 11 月 8 日至 1963 年 12 月 1 日对科辛达斯的马——玛吉·桑普森进行训练、保养并让其参加赛事。罗姆博拉将支付所有费用并获得全部收入的 75%,科辛达斯将获得剩余的 25%。1962 年冬天,罗姆博拉在马厩里饲养和训练玛吉·桑普森,在 1963 年春天和夏天,该马比赛了 25 次。1963 年秋,罗姆博拉参加了在萨福克镇赛马会上举办的 6 场赌注赛。马会开始前,科辛达斯占有了玛吉·桑普森,从而剥夺了罗姆博拉赛马比赛的权利。罗姆博拉起诉科辛达斯索赔所失利润,初审法官判决支持科辛达斯。马萨诸塞州最高法院推翻了这一判决,认为玛吉·桑普森的比赛史可充分确定地证明罗姆博拉的损失：

> 在合同签订的一年内,在罗姆博拉参赛的 25 场比赛中,她赢了 10 场,并在总共 20 场比赛中分享了奖池里的钱,总共挣了大约 12,000 美元。在罗姆博拉与科辛达斯

---

[3] 351 Mass. 382 (1966).

之间的合同到期后的一年中，这匹马跑了 29 次，赢得的钱与合同期间赢得的钱在百分比上几乎完全一致……

……我们认为……罗姆博拉有权根据预期损失利润理论提出实质性的损害赔偿……在管理和训练(玛吉·桑普森)之前以及训练期间，同时在其后的一段时间里，罗姆博拉与其他竞争者在不同赛道条件下，已经证明了她的能力。她在违约发生后一年内的一贯表现，否定了关于她的能力或赚钱能力在萨福克镇赛马会中下降的任何推断。虽然玛吉·桑普森参加了预定的赌注赛可能没有任何利润，但这种可能性是任何商业风险所固有的。[4]

同理，在当代使命公司诉著名音乐公司案[5]中，著名音乐公司违反与当代使命公司的合同，根据该合同，著名音乐公司同意向当代使命公司支付版税，以换取名为《处女》的宗教摇滚歌剧的主磁带录音，以及制造和销售该母带录音的专有权。该合同要求著名音乐公司至少发行四张《处女》单曲。根据伍德诉露西案(Wood v. Lucy)的原理[6]，著名音乐公司有义务尽合理努力来推销《处女》。但著名音乐公司未能推销单曲，违反了合同。在违约前，《处女》的一首单曲已经在热门单曲(Hot Soul)唱片排行榜上名列第 80 位。违约后，该单曲排

---

[4] Id. at 384-385.
[5] 357 F. 2d 818 (2d Cir. 1977).
[6] 118 N. E. 214 (1917).

名第61位。在初审中,当代使命公司提供了1974年排名为第61位的每首歌曲的统计分析。这项分析显示,在324首排名为第61位的歌曲中,76%的歌曲排名前40位,65%的歌曲排名前30位,51%的歌曲排名前20位,34%的歌曲排名前10位,21%的歌曲排名前5位,10%的歌曲排名第1位。当代使命公司还提供一名专家证人的证词,该专家可将这些成功的标准转化为预估的销售数字和损失的版税。初审法官根据弗伦德案排除了所有这些证据,理由是这些证据都是推测性的。联邦第二巡回法院认为,对这些证据应予接受:

> 这不是一个原告试图证明在假设市场上以假设价格出售假设唱片的假设利润的案例……这个唱片是真实的,价格是固定的,市场上仍然有人在购买,这个唱片虽未获巨大成功但销量仍在增加。即使推广结束后,该唱片退出了市场,但由于其自身的势头,销量仍增加了10,000张,在《公告牌》杂志"热门单曲"排行榜上从大约第80位上升到了第61位。不可否认的是,如果有人继续推广,如果它没有退出市场,唱片销量将超过实际销量。因此,可以肯定的是,当代使命公司遭受了版税的损害。[7]

第三章讨论的哈德利诉巴克森代尔案[8],是规则核心之演进的另一个例子。该案由英国财政署内室法庭(English

---

〔7〕 *Id.* at 927..
〔8〕 (1854) 156 Eng. Rep. 145, Q. Ex. 341.

Court of Exchequer Chamber）在 1854 年裁判，该案确立之规则核心依然是合同法的核心，尽管该规则核心多年来已经得到很大发展。

回想下，在哈德利案中，法院认为，因违反合同受到损害的一方当事人只能就如下损害获得赔偿："(1) 可合理认为是自然发生的损害，即根据事物的通常发展进程而发生的损害；或者(2) 可合理地认为损害是双方当事人在签订合同时已经预料到的违反合同的大概结果。"法院判决的两个分支被称为哈德利案的第一规则和第二规则。第一规则落入了第二规则，因为通常的事物发展进程产生的损害，通常被认为当事人在合同订立时会考虑到。第二规则下的损害赔偿被称为间接损害赔偿，而且几乎一直都是哈德利案的主要问题。相应地，我们转向可预见性之第二规则，该规则是哈德利案的核心。

一开始，第二规则经常被解释为排除间接损害赔偿，除非违约方已达成了支付此损害赔偿的默认协议。后来，第二规则发展成排除间接损害赔偿，除非被告有理由知道，这些损害是违约的大概结果或者高度可能的结果。如今，哈德利案原则下的间接损害赔偿标准也已进一步发展了。自 1950 年以来，案例法的发展可从里德勋爵在上议院判决的寇福思诉 C. 萨尼可有限公司案（Koufos v. C. Czarnikow Ltd.）中得到如下概括："在相当长的一段时间里，人们倾向于对损害赔偿金设定严格的限制。"[9] 在寇福思案中,承运人与发运人签订合同,从康斯坦察向巴士拉运输 300 吨糖,发运人计划在巴士拉市场上立即出售。从该航程的长度看通常需要 20 天即可到达,但承运人违反了合同,偏离了航线,导致迟延了 9 天。这些糖在 12 月 12 日到 22 日在巴士拉进行销售,但糖的市场价格很快下跌,部分原因是另一批糖已运达。

如没有迟延,糖会以每吨 32 磅 10 先令的价格出售,但是销售的实际价格是每吨 31 磅 2 先令,发运人起诉了承运人要求赔偿差价。在巴士拉,货物迟延到达的结果是,糖的市场价格可能上涨也可能下跌,哪一种情况都是半对半的机会。法院作出了对承运人有利的裁判。五位法官都写了不同的司法意见,但结果是一致的。尽管他们在哈德利案的第二规则应当如何表达这一问题上存在不同意见,但"可能导致""现实危险"或"严重可能性"等术语得到普遍赞同。加上在市场价格上涨有半对半的机会时可以判予损害赔偿,这些都构成了哈德利案规则核心的进一步发展和放宽。

赫克托马丁内斯公司诉南太平洋运输公司案(Hector Martinez & Co. v. Southern Pacific Transportation Co.)[10] 涉及更进一步的发展和放宽。马丁内斯公司通过南太平洋铁路(Southern Pacific railway)从俄亥俄州(Ohio)将露天采矿机械运输到得克萨斯州的鹰渡市(Eagle Pass)。这个机器被装进五

---

[9] 1969 1 App. Cas. 380, 387 (1967).
[10] 606 F. 2d 106 (1979), *cert. denied*, 446 U. S. 982 (1980).

个不同的货车车厢。南太平洋运输公司分别对车厢进行了运输,最后一个货车车厢于1974年4月2日抵达鹰渡市。马丁内斯公司争辩说最后一个货车车厢应在3月1日到达,并起诉南太平洋运输公司要求赔偿3月1日至4月2日期间机器的公平租金价值(fair rental value)。法院作出了对马丁内斯公司有利的裁判,理由是"像机器这样的资本货物有使用价值,可能等于设备的租金价值,也可能是利息价值。后者通常表现为以机器价值的市场利率来计算利息。完全可以预见的是,运输延误所造成的机器无法使用,将导致延误期间的租金价值或利息价值损失"。

南太平洋运输公司抗辩说,根据哈德利案,它不应承担责任,因为货物的销售和使用都是可预见的。法院驳回了这一抗辩:

> 这一看法过头了,因为哈德利案支持赔偿应当预见的伤害。一般规则并不要求原告证明,他所遭受的实际伤害是最可预见的可能伤害。他只需要证明,他的伤害并非如此遥远,以至于一个通常人在签约时不可预见。

哈德利案周边(penumbra)的发展涉及案件裁决(case holding),即哈德利案并不适用于与损害事实相反的损害数额。例如,在罗思诉泰勒案(Wroth v. Tyler)[11]中,法院认为,"(根据哈德利案的第二规则,原告)只需要证明考虑到了包含

---

[11] [1974] Ch 80.

系争损害的名头或类型的情况,而无须证明考虑到了该名头或类型下损害的数额"。[12]

卡多佐极好地表达了普通法规则的延展性:"案例法的规则和原则从来不能当作终极真理对待,而只能当作可行的假设对待,它们在法院这个伟大的法律实验中不断接受再检验。每一个新案例都是一个实验,而且如果看似可适用的公认规则产生了可感受到的不公正的结果,那么该规则就要被再次考量。"[13]

弗雷德·绍尔认为,因为普通法规则具有延展性,所以它们并不是规则:

> 没有持续延展性是……基于规则的裁判的……必要条件……[14]
>
> 问题是……规则是否要受制于适用时增加的例外……以及它是否仍然是规则,该问题的答案为"不是了"。[15]
>
> 如果看似是规则的规则在其表征(indication)与规则背后的明智政策或者目的不一致时可以被修正……那么似乎,普通法规则是……描述性的,而非规范性的……[16]

---

[12] Accord: Brown v. KMR Services Ltd. [1995] All E. R. 598 (1995).Contra: Victoria Laundry [Windsor] Ltd., 1949 2 K. B. 528.
[13] BENJAMIN CARDOZO, THE NATURE OF THE JUDICIAL PROCESS 23 (1921).
[14] FREDERICK SCHAUER, PLAYING BY THE RULES 84 (1993).
[15] Id. at 116.
[16] Id. at 177.

此观点是不正确的:所有普通法规则都具有延展性,而且所有普通法规则也都是规则。所有普通法规则的核心都能够以不同的方式来表达,而且在普通法规则依然是规则时,普通法规则的核心也可以发展。在核心依然是规则时,所有普通法规则的周边也能够扩张或者改变。

第九章

从已建立法律规则中分离出新法律规则，创设已建立规则的例外以及作出区分

常言道,法院在面对有约束力先例表面上能规范目前案件的情况时,要么适用先例,要么与先例区分开来。但对审理法院的选择而言这一描述太狭隘了。更准确地说,在面对有约束力先例表面上能规范目前案件时,法院必须决定是否要适用先例、从先例建立的规则中分离出新规则、创设规则的例外、与先例区分开来或者推翻先例。本章涉及法律推理的后三种模式。

从有约束力先例建立的规则中分离出新法律规则

在分离中,一个新法律规则从有约束力先例建立的规则中被切割出来,以规范在分离之前的已建立规则范围内的问题。新规则因此就与已建立规则比邻而居了,正像一群小蜜蜂从原领地中分离出来创造了一个新领地而原领地原地不动。显而易见,分离的原因是,尽管已建立规则一般是可取的,但将该规则适用于它本应适用案件的一个子类是不可取

的。法院因此分离出一个新规则来涵盖该子类。

例如，直到20世纪早期，一个已建立的规则是，除了相当有限的例外，简单的赠与允诺——作出赠与的允诺——通常是不可执行的。该规则有适当的理由。

第一，与通常由客观证据支持的交易允诺不同，简单的赠与允诺经常是突然作出的，没有证据语境，没有书面形式，没有见证人。结果就是太容易编造一个简单的赠与允诺，而且还会错误地使陪审团相信这个允诺已经作出了。

第二，与交易允诺不同，简单的赠与允诺典型地是在一个情感语境下作出的，而且常常也是在出现了短时情感浪潮时作出的，因此也就没有细思量。

第三，使简单的赠与允诺可执行倾向于降低此类允诺的价值。可执行制度会将简单的赠与允诺商品化而且使之噤若寒蝉，因为如下问题无论对允诺人还是对受允诺人来说从来都不是清晰的，即是出于爱、友谊、情感或类似精神作出赠与允诺，还是出于履行法律义务或避免诉讼而作出赠与允诺。

根据此规则，受允诺人是否已经信赖允诺并不重要。然而从1932年开始，在《合同法重述》（第一次）的推动下，法院分离出一个新规则，称之为"允诺禁反言原则"。根据该原则，如果可以预见受允诺人信赖赠与允诺，那么该允诺就是可执行的。在创设该规则时，法院仅是限缩而未完全抛弃已建立的赠与允诺规则。法院认为，尽管简单的赠与允诺通常是不可执行的，为处理可预见的已被信赖之允诺，仍应当分离出新规则。实际上,法院得出结论认为,只有赠与允诺并没有因允诺人违反允诺而使受允诺人遭受损失,已建立规则才是可取的。然而,在赠与受允诺人可预见因允诺人违约而受到损失的情况下,涉及社会道德的问题,允诺人应当赔偿受允诺人的损失。

换言之,当违反赠与允诺会导致受允诺人之损失是可预见的时,赔偿受允诺人损失的重要性超越了支撑无损失情况下已建立规则之理由。

创设例外

适用有约束力先例的另一个替代是创设规则的例外,以限制规则的范围。例外在根本上不同于分离出的规则。分离出的规则是独立的,即规则一旦从已建立规则中分离出来,就独立存在了。相反,在只有于例外所在的规则语境下例外才有价值这个意义上讲,例外寄生在已建立规则上。事实上,理解例外的一个方法是参照除外条款(unless clause)——如果已建立的规则 ABC 存在例外 X,该规则可以有效地被重新表述为"ABC,X 除外"(ABC unless X)。

例外分为两种类型:与规则一致的例外和与规则不一致的例外。"不一致"(inconsistent)一词是模糊的。根据该词语的一种解释,有且只有一个意思否定另外一个意思或者与另外一个意思相矛盾,则两个命题是不一致的。[1] 根据另外一个解释,如果两个命题不能合理兼容,那么它们是不一致的。[2] 在本书中,我采纳前一解释。

一致的例外

很多或者大多数例外与例外所在的规则是一致的。合同法以及证据法中的一些例外可以说明此点。

合同法

在合同法中,可执行的允诺被认为是有约因的,而且根据交易原则,交易允诺是有约因的。交易是一种交换,在此种交换中,每一方都把他的付出作为他所得到的收益。交易允诺的可执行性基于强大的社会政策。一方面,交易通过贸易创造了收益,因为通常每方当事人都会评估自己的所得大于所失。另一方面,自由企业社会(free-enterprise societies)严重依赖私人规划,而交易促进了此种规划。

交易原则有很多例外,大多数例外都与该原则一致。例如,对未成年人,或者对由于精神疾病或者缺陷而不能理解交

---

〔1〕 *Cf.* Hunt Foods and Industries v. Doliner, 26 A. D. 2d 41 (1966).

〔2〕 *Cf.* Alaska Northern Development, Inc. v. Alyeska Pipeline Service Co. , 666 P. 2d 33 (Alaska 1983) , *cert. denied*, 464 U. S. 1041 (1984).

第九章　从已建立法律规则中分离出新法律规则，创设已建立规则的例外以及作出区分

易性质和后果的人，交易是不可执行的。在受允诺人有理由知道允诺人醉酒，且因此不能理解交易的性质与后果或者不能以交易（transaction）相关的合理方式行动时，交易也是不可执行的。[3] 这些例外都与交易原则保持一致，因为该原则基于如下假设，即有完全行为能力的缔约方是评估他们自身效用的最佳判断者，而例外涉及一方当事人没有或者不太可能有完全行为能力的情况。

证据法

传统上，证据法是司法造法。然而，在1975年，国会通过了《联邦证据规则》（Federal Rules of Evidence），该部法律将证据法法典化了。《联邦证据规则》仅适用于联邦法院，但是大多数州法也采用了相应规则。[4] 尽管本书涉及普通法推理，而且证据法现在已经法典化了，但由于法典化主要基于普通法，我使用《联邦证据规则》来进一步举例说明一致性例外。

一个基本的证据规则是传闻规则（hearsay rule）。传闻是被称为陈述人（declarant）的人所作的陈述（statement），该陈述人在试图引入其陈述的审判中作证时并未作出该陈述，而审判中的一方提供该陈述作为证据来证明一项主张。[5] 根据

---

〔3〕 See RESTATEMENT OF CONTS. sections 14–16.
〔4〕 GRAHAM C. LILLY, DANIEL J. CAPRA & STEPHEN A. SALTZBURG, PRINCIPLES OF THE LAW OF EVIDENCE 151 (8th ed. 2019).
〔5〕 See FEDERAL RULES OF EVIDENCE Rule 801 (c).

传闻规则,此陈述是不可引入的(inadmissible),除非它属于该规则的例外。莉莉(Lilly)、卡普拉(Capra)和萨尔茨伯格(Saltzberg)的《证据法原则》一书详述了传闻规则的理由:

> 传闻规则旨在排除那些被提出来用以证明某人所言为真的不可靠陈述。典型的传闻情况是这样的:一个证人作证说,其他人(陈述人)也对审判中有争议事件作出了陈述。证人作出了陈述,但无法证实陈述人说的是真话。如果陈述是为了证明陈述人所说的是真实的,那么也没有办法验证其准确性。陈述人不参加庭审,也不宣誓作证。事实调查者(factfinder)无法看到他,也无法对他是否在说真话作出自己的评估。最重要的是,他不会受到交叉询问(cross-examination)的磨炼(crucible)。[6]

根据《联邦证据规则》,传闻规则有 29 个例外,而且基于实务目的还存在 4 个例外的豁免(exemption)。我重点论述《联邦证据规则》第 803(3) 条以及第 803(4) 条的例外。

第 803(3) 条就以下陈述人心态(state of mind)创设了传闻规则的例外,如陈述人的动机、意图、计划,或者陈述人情感的、感觉的或者身体条件的陈述,如精神情感、痛苦或者身体健康。创设此例外的理由是,当陈述人说到其当时的心态时,误解以及错误记忆的危险就最小化了。[7]

---

[6] LILLY ET AL., supra note 4, at 151.
[7] Id. at 212.

第九章 从已建立法律规则中分离出新法律规则，创设已建立规则的例外以及作出区分

第803(4)条与以下陈述创设了传闻规则的例外，即基于医学诊断或者治疗目的而作出的陈述，以及描述过去的医疗史、过去或者现在的症状或感觉、病因，以及病因陈述。

第803(3)条与第803(4)条中传闻规则的例外，与传闻规则是一致的，因为该规则的目的是要排除不可信的证词，而这些例外涉及可能是高度可信的陈述。

不一致的例外

依托已建立规则的一些例外与已建立规则是不一致的。一个例子是合同法的先前义务规则以及该规则的例外。根据该规则，如果交易的当事人A与B，进行新交易来变更他们的合同，其中A允诺仅履行他的先前义务，以换取B允诺同意支付比原合同更多的金钱，那么该变更被认为缺乏约因，是不可执行的。

先前义务规则不仅与交易原则不一致，而且也不合理，因为如果合同变更有适当的理由，那么合同变更自身就是交易而且执行交易的理由完全适用于变更。很多或者大多数变更受到该事实的推动，即当A履行时，现实情况看起来与A和B订立合同时预期的情况有很大不同，而且B相信，涉及公平交易问题，变更合同用于反映合同的目的或者反映现在的公平是适当的。另外一个大概更流行的变更原因是互惠性或者希望有互惠性。分开检视看似是单方的变更，在考虑到变更所

处之合同关系的动态涨落情况时,可能就是互惠性的。例如,B可能同意有利于A的变更以回报过去对B有利的变更。或者B可能相信,她同意变更会增加如下可能性,即在B处于A的境况时,A会同意有利于B的变更。

不仅先前义务规则与交易原则不一致,法院还对先前义务规则创设了例外,该例外与规则也并不一致。很简单,之所以这么做,是因为与不合理规则的不一致例外产生了合理结果。

其中一个例外是,如果先前义务是第三人承担的,那么先前义务规则是不适用的。[8] 这个例外与规则是不一致的,因为根据规则,履行允诺人先前有义务履行的行为 不是 约因,然而根据此例外,履行允诺人先前有义务履行的行为却 是 约因。

另一个例外是,如果变更是要求支付已经确定到期的未确定数额债务(即数额尚未确定的债务)的一部分,以换取债权人放弃其主张剩余债权的权利,那么先前义务规则不适用于该变更。[9] 此例外与先前义务规则不一致,因为债务人先前就有支付确定到期的那一部分债务的义务。

还有一个极端重要的例外,该例外是《合同法重述》(第一次)第89条以及安杰尔诉默里案[10]所采纳的。根据新规则,如果考虑到当事人在合同订立时未预料到的情况,变更仍是

---

[8] See, e. g., Morrison Flying Service v. Deming Nat'l Bank, 404 F. 2d 856 (10th Cir. 1968).

[9] See, e. g., Cohen v. Sabin, 307 A. 2d 846 (Pa. 1973).

[10] 322 A. 2d 630 (R. I. 1974).

第九章　从已建立法律规则中分离出新法律规则，创设已建立规则的例外以及作出区分

公平且公正的，那么先前义务规则是不适用的。此例外与先前义务规则不一致，因为交易是否是约因并不取决于交易是否是公平和公正的，而取决于交易是否应进行之事实。而且，此例外也几乎摧毁了规则，因为大多数合同变更都是公平且公正的，也因此是会达成的。拉塞尔·温特劳布（Russel Weintraub）向182家公司的总顾问发送了一份问卷，询问他们对某些合同问题的看法，问卷的结果证明了这一点。[11] 其中一个问题是："如果由于市场价格的变化，你的供应商或客户要求变更合同价格，你的公司会一直坚持遵守合同吗？"95%的受访者表示，他们的公司不会总是坚持遵守合同。一个后续问题是，要求这些受访者列出他们认为与变更请求是否会被批准相关的因素。对此，80%的受访者表示，他们会考虑与提出请求的公司的关系是否长久且是否令人满意，76%的受访者会考虑，该请求根据贸易惯例是否合理。受访者报告说，在大多数情况下，通过系争合同的变更或者未来合同的调整，难题都能友好解决。

因此，法院有时候会对已建立规则创设不一致的例外。既然法律推理的一致性是一种价值，法院为什么还会采纳不一致例外而不简单地推翻已建立的规则呢？

第一，法院可能相信，司法机关保持原理的稳定性表象非常重要，而经常推翻会破坏此种表象。创设不一致的例外有

---

[11] Russell J. Weintraub, *A Survey of Contract Practice and Policy*, 1992 Wis. L. Rev. 1 (1992).

助于解决该张力问题,因为与不合理规则不一致的例外会产生一个好的结果,同时还能因不涉及推翻先例而保持原理的稳定性表象。或者法院不能非常有把握地认为,已建立规则是不合理的,因此会通过创设一个不一致的例外作为迈向完全推翻的临时一步,使已建立规则产生不确定性。此进路逐渐渗透至已建立规则是否应当被推翻这一问题,以便可以在其他法院的判决和学术评论的专业讨论中进行考量。

第二,不一致例外可能用来作为处理先例信赖难题的技术。创设不一致例外允许法院保护那些信赖已建立规则之核心的人,同时向法律职业群体传递了如下信号:该规则是完全可能推翻的候选项,因此是不可信的。

作出区分(distinguishing)

若不适用一个看来或似乎看来适用于目前案件的先例,法院可能认为,该案与先例要区分开来。区分经常被认为是一个统一的程序,但是事实上存在三种类型的区分:基于事实的区分、基于规则的区分,以及基于社会的区分(socially based distinguishing)。

在基于事实的区分中,法院认为,先例不应当因为两个案件之间的事实不同就不适用于目前案件。在第一种形式的基于事实的区分中,先例的重要事实在待裁判案件中没有对应部分。例如,假设先例认为,受要约人拒绝要约,终止了受要

第九章　从已建立法律规则中分离出新法律规则，创设已建立规则的例外以及作出区分

约人的承诺权，而且事实 A、B、C 证明受要约人拒绝了要约。在待裁判案件中，没有事实 C 的对应部分。审理法院在本案中明确或者默示地确认了受要约人的拒绝终止了承诺权的规则，但是法院可基于缺乏事实 C 的对应部分而将其与先例区分开来，不能认为在目前案件中受要约人拒绝要约。在第二种形式中，待裁判案件中的一个重要事实在先例中并没有对应部分。例如，假设在先例中事实是 A、B、C，在待裁判案件中事实是 A、B、C、D。审理法院可以明确或者默认地确认拒绝会终止受要约人的承诺权这一规则，但事实 D 证明目前案件的受要约人并没有拒绝该要约，从而与待裁判案件区分开来。

在基于规则的区分中，审理法院认为，表面上适用于当前案件的先例事实上并不适用。例如，在马西斯诉霍夫曼案（Mathis v. Hoffman）中[12]，原告和被告拥有毗邻的两块地。在 2004 年，原告在两块地中间建了一个篱笆，费用超过 15000 美元。在 2008 年，调查显示，这个篱笆在被告的土地上。原告提出要把这个篱笆无偿转移给被告，但是被告拒绝允许原告移除这个篱笆。其后原告向法院申请授权其移除篱笆并将篱笆安置在原告土地上的禁令。初审法院判予了该禁令。上诉中，被告辩称（contend），依据灯塔民宅公司诉霍尔特案（Beacon Homes, Inc. v. Holt）[13]，她有权选择允许原告移除篱笆或

---

[12]　711 S. E. 2d 825 (N. C. Ct. App. 2011).
[13]　266 N. C. 467 (1966).

者有不当得利返还请求权。在案件中,原告未经被告允许,就在被告地产上建了一个房子,被告是善意的,但错误地相信,该地属于第三方,而且第三方已经与原告签订建造房子的合同。原告试图拆除房子,但被告拒绝了。原告提起了不当得利诉讼,被告进行抗辩。法院拒绝了该抗辩,理由是原告表述了不当得利的适当诉因。法院区分了本案与灯塔民宅公司案,理由是其并不认为,必须允许被告作为财产所有人选择法院提供给原告的救济,而原告不当地增加了被告财产的价值。

在基于社会的区分中,一个例外之所以被抽出来作为先例,要么是因为社会命题支撑的先例并不延伸至目前案件,要么是因为目前案件涉及不适用先例的社会命题。例如,假设先例认为交易是可执行的。如下问题交由法院处理,即未成年人进行的交易对该未成年人是可执行的吗?法院之所以对该先例作出区分,是因为先例建立之原则的理由是,一般来说,行为人是他们效用、偏好的最佳判断者,但未成年人不是。

区分与分离和创设例外在两个方面存在不同。

第一,在分离和创设例外时,审理法院建立了新规则或者变更了一个已建立的规则。在理论上,作出区分也可能会建立一个新规则或者变更一个既有规则,但实践中法院极少这么做,因为基于先例的事实和目前案件的事实间只存在个别方面的不同,而且这种不同不易于一般化,故大多数区分都是

第九章 从已建立法律规则中分离出新法律规则,创设已建立规则的例外以及作出区分

一次性的。区分通常既不要求创设新规则,又不要求变更既有规则。相反,作出区分的法院会明确地或者默示地再次确认已建立的规则。

第二,下级法院通常不能从上级法院建立的规则中分离出一个新规则,并且因此限制上级法院所建立规则的范围。同理,下级法院通常不能创设上级法院已建立的规则的例外。然而,下级法院能够对上级法院建立的规则进行区分。[14]

约瑟夫·拉兹(Joseph Raz)认为,对规则作出区分意指变更该规则而且要求被变更的规则必须是受额外适用条件限制的已建立的规则。[15] 这是不正确的。作出区分的法院几乎从来不修正其作出区分的规则。相反,作出区分的法院正常会明确或者默示地*重新确认*(reaffirm)先例已建立的规则,但区分的理由是先例不适用,而非先例本身应当修正。

拉里·亚历山大和埃米莉·舍温认为,"对先例案件进行区分*就是*推翻它们"。[16] 这同样是不正确的。作出区分的法院通常不会推翻先例。相反,作出区分的法院正常会明确地或者默示地重新确认该先例,但是认为该先例不适用于目前案件。

---

  [14] *See* JOSEPH RAZ, THE AUTHORITY OF LAW 186 (1979).
  [15] *Id.*
  [16] LARRY ALEXANDER & EMILY SHERMAN, DEMYSTIFYING LEGAL REASONING 124 (2008) (emphasis in original).

原则上，法院创设例外的方式与法院作出区分的方式是高度可比的。在实践中，两种模式之间存在着关键的不同。当法院创设例外时，该例外就成为规则的一部分。但如果法院作出区分，那么该区分可能仅适用于那一个案例。

第十章

类比法律推理

本章关注普通法中的类比推理(analogy-based reasoning)。在类比推理得以发挥作用的大多数领域,如科学领域,类比推理基于相似性(similarity)。基于相似性的类比推理一般采取如下形式:

A,一个对象、实体或者场景 [经常被称为"渊源"(source)] 有 a、b、c、d 和 e 特征;

B,一个对象、实体或者场景 [经常被称为"目标"(target)] 有 a、b、c 和 d 特征;

因为 A 和 B 高度相似,有理由推断 B 也有 e 特征,而且在所有方面类似于 A。

一些评论家主张,法律中的类比推理也基于相似性。例如,劳埃德·温因雷布写道,"相似性是类比论证的心脏"。[1]格兰特·拉蒙德(Grant Lamond)写到,"法律推理中的类比论证是这样一个论证,即应当以一种确定的方式对待案

---

[1] LLOYD WEINREB, LEGAL REASON: THE USE OF ANALOGY IN LEGAL ARGUMENT 5 (2d ed. 2016).

件,因为这就是相似案件被对待的方式"。[2] 埃米莉·舍温写到,"作为共同的实践,类比方法像这样运行:遇到一个未决问题,法官调查了过去的判决,确认这些判决间的相似或者不同以及面临的问题,发展一个她认为抓住了重要之相似性与不同的原则"。[3] 这些主张都是不正确的,因为法律并不是基于特征而是基于规则的。相应地,尽管普通法中类比推理偶尔基于相似性,但是更根本和更经常基于规则。

在基于规则的类比推理中,法院始于一个既定的法律规则——被称为既定规则——它在文义上不适用于待裁判的案件,而且要延伸该规则以涵盖本案,因为涉及社会命题的问题,具体规则和待裁判的案件不能合理地予以区分。

例如,在亚当斯诉新泽西轮船公司案(Adams v. New Jersey Steamship Company)[4]中,亚当斯是新泽西轮船公司(该公司)拥有的一艘轮船上包房的一名乘客。亚当斯晚上回到包房后,便锁上了门,但还是有一个小偷偷走了他的钱。小偷显然是从窗户爬过来的。就小偷这个问题,公司是没有过失的,但是亚当斯起诉要求赔偿损失,根据是该公司作为保险人要承担责任,即没有过失的证据也要对损失承担责任。

就类比推理的目的而言,法院不只有一个而是有三个可

---

[2] Grant Lamond, *Precedent and Analogy in Legal Reasoning*, in THE STANFORD ENCYCLOPEDIA OF PHILOSOPHY (2006).

[3] Emily Sherwin, *A Defense of Analogical Reasoning in Law*, 66 U. CHI. L. REV. 1179, 1179 (1999).

[4] 151 N. Y. 163 (1896).

选择的类比规则。第一个类比规则是，当物品在客人的房间被偷走时，旅馆老板作为保险人要承担责任。第二个类比规则是，公共运输人作为保险人要对乘客的个人行李承担责任。第三个类比规则是，铁路部门作为保险人对乘客在卧铺车厢里被偷的钱不承担责任。法院选择了第一个类比规则，理由是，关于使旅馆主人作为保险人对客房的盗窃承担责任的公共政策，应当通过类比延伸至使轮船公司对包房的盗窃承担责任。

在普通法中，旅馆老板作为客人金钱或个人物品之保险人的原则，起源于公共政策。这被认为是一个合理和必要的规则，即基于他们之间必然存在非常信任的关系以及由于当事人的特殊关系，存在掠夺危险……情况……旅店老板应当承担非常大的责任。关于轮船公司与其旅客之间的关系，该旅客为旅途舒适而购买包房，在任何基础方面都与旅馆和旅馆客人之间的关系没有什么不同。

……不存在任何适当理由来放宽普通法上适用于旅馆主人和客人之间关系的严格规则，原因是公共政策的相同考虑同时适用于这两种关系。

同理，在奥本海默诉克赖德案（Oppenheimer v. Kreidel）[5]中，妻子因私通起诉了她丈夫的情妇克赖德。这是一

---

[5] 236 N. Y. 156, 140 N. E. 227 (1928).

个侵权行为,虽然现在已经被制定法广泛取消了,但传统上该侵权行为赋予其妻子与他人通奸的丈夫起诉女方情夫的权利。克赖德向法院申请驳回妻子的诉讼,理由是,只有丈夫才能提起诉讼。纽约法院拒绝了这一抗辩,而且认为妻子可以通过与丈夫权利的类比来提起此诉讼:

> 普通法赋予丈夫对因妻子与他人通奸而提起诉讼之权利的任一理由,此权利今天仍然存在,这一理由也适用于与丈夫犯下类似非法行为的妇女。如果他的情感和名誉被如此不适当的行为伤害,那么如今谁会说,她没有同样或更强烈地感受到对她以及家庭所实施的不当行为?如果他认为这是对婚床的玷污,为什么她不能以同样的眼光看待它呢?他对她的身体有财产利益,他个人有享受他妻子身体的权利,这些表述都是过时的,除非使用了与那个时代相称的精确意义,并给予妻子对丈夫相同的利益……对孩子合法性产生怀疑的风险,似乎是所有当局指定的保护丈夫和维护他的诉讼行为的主要原因,可能会被妻子对孩子的身体和精神健康的利益所抵消……就我所见,没有任何合理合法的理由拒绝赋予妻子但赋予丈夫因私通产生的诉因。毫无疑问,她和丈夫一样在维持家庭以及健康、纯洁、有爱的关系上有一样多的利益。对这位侵入者(intruder),她的感受肯定和他的感受

一样敏感,法院忽视这些事实仅仅是刻意无视而已。[6]

三位顶尖的法律学者——罗纳德·德沃金、理查德·波斯纳以及拉里·亚历山大,都主张类比推理是无效的。德沃金说,"类比是一种表述结论而非得出结论的方式"。[7] 波斯纳说,"作为司法表达模型的类比推理是一个表面现象,它不属于法律思想而属于法律修辞"。[8] 亚历山大认为,法律中的类比推理"是空想"。[9] 这些主张也都是不准确的。正如亚当斯案和奥本海默案所阐明的那样,基于规则的类比推理是法律推理的有效模型。

然而,尽管法律推理的此种模型是有效的,但并未被经常采用,因此在实践中并不重要,因为在法律规则规范该案件而且普通法有丰富的法律规则的情况下,没有法院会进行类比推理。进而,与以规则为基础的推理相比,类比法律推理是一种极弱形式的法律推理,因为有约束力先例建立的规则通常会支配待裁决的案件,法院会自由地拒绝类比,即使在法院进行类比推理时,它也会在数个类比中进行选择,正像亚当斯诉新泽西轮船公司案一样。

---

[6] 236 N. Y. at 160.
[7] Ronald Dworkin, *In Praise of Theory*, 25 ARIZ. L. REV. 353, 371 (1997).
[8] Richard Posner, *Reasoning by Analogy*, 91 CORNELL L. REV. 761, 765 (2006).
[9] Larry Alexander, *The Banality of Legal Reasoning*, 73 NOTRE DAME L. REV. 517, 533 (1998).

第十一章

逻辑、演绎与好的判断力在法律推理中的作用

本章涉及逻辑、演绎与好的判断力在法律推理中的作用。

逻辑

形式逻辑存在很多学派——在《哲学百科全书》(Encyclopedia of Philosophy)中逻辑的词条近乎60页。然而,在日常言论中,"逻辑"一词非正式地用来指合理的推理,而不是指满足了形式逻辑标准的推理。因此,如果A与B在进行辩论,A对B说,"你的论证不合逻辑",A通常是指"你的推理是不合理的",就像"你的论证是内在不一致的"或者"你的论证不合理"一样。在法律中,逻辑有相同的意思。因此,当我们说司法意见是合乎逻辑的,这并不意指其合乎形式逻辑规则,而是指其推理是合理的。

演绎

演绎是结果必然从已知前提中推论出来的推理程序。演绎通常采取三段论的形式。三段论由被称为大前提的一般陈述、被称为小前提的具体陈述以及必然从两个前提中推论出来的结论构成。这里有一个著名的例子:

大前提:所有人必有一死。

小前提:苏格拉底是人。

结论:苏格拉底也必有一死。

有人认为,演绎是法律推理的一种重要形式。然而并非如此。正如 A·G·格斯特(Guest)观察到的,"法官只是非常偶然地投入了三段论推理"。[1] 这么做有如下几个原因。尽管大多数或者所有普通法案例都涉及默示的非正式演绎推理,正像"要约的拒绝终止了受要约人的承诺权;受要约人拒绝了该要约;因此受要约人的承诺权被终止了"——很少有普通法案例涉及明示的形式演绎。这部分因为法律是关涉真理的,而形式演绎则并非如此。三段论是否有效和三段论是否合理是存在差别的。如果结论必然能从前提中推出来,即使其前提是不真实的也是如此,那么三段论就是有效的。但只有当三段论的前提为真时,三段论才是合理的。这里有一个

---

[1] A. G. Guest, *Logic in the Law*, *in* OXFORD ESSAYS IN JURISPRUDENCE 176, 194 (1991).

有效但不合理的三段论案例：

所有影星的右手都有六个手指。

汤姆·汉克斯（Tom Hanks）是位影星。

因此，汤姆·汉克斯的右手也有六个手指。

三段论演绎在法律推理中并不重要也存在另一个原因。具体来说，司法意见通常由三个要素构成：事实陈述、规范该案的法律规则陈述以及规则对事实的适用。但这些要素中没有一个能够适当地通过演绎来确定。

第一，案件事实通常是通过证言而非演绎来确定的；

第二，从规则到案件事实的适用即使有也很少是演绎问题。正如哈特所指出的，规则通常有核心和周边，而且规则的周边对事实的适用不能通过形式演绎来完成，因为规则周边是不确定的。

> 规则必然有意思稳定的核心，但也会有存在争议的周边，在这些争议情况下，词语既不是显然适用的，又未被显然排除……

> 我们可以把出现在标准实例或意思稳定的核心之外的问题称为"周边问题"；它们永远伴随着我们……如果所有法律规则都被具有不确定性的周边围绕，那么它们对周边具体案例的适用就不能是逻辑演绎问题，因此世世代代被珍视为人类完美推理的演绎推理不能作为法官

的模式……应当把特定情况置于一般规则下。[2]

即使是普通法规则的核心,也经常不能通过合理的三段论所需的确定性表述出来。首先,规则会变得与社会道德、社会政策和经验不一致,并因此具有不确定性,因为它受到推翻先例原则的限制。其次,规则一直都受到尚未提及之例外的限制。例如,假设在某个时间点上,交易允诺(bargain promise)是可执行的,是一个未受限定的规则。现在首次出现了这样一个案件,在该案中,交易的一方当事人是未成年人,成年的当事人要执行对未成年人的此项交易。如果交易允诺具有可执行性的规则最终能作为三段论的大前提,那么未成年人就要承担责任。大前提是,交易是可执行的。小前提是,未成年人进行了交易。结果是,未成年人要承担责任。但是这个三段论是无效的,因为它没有包括这样一个例外,即法院几乎肯定会得出结论:交易对未成年人是不可执行的。

最后,法律规则不以演绎为基础。它们是有约束力法律先例建立的规则,是权威却无法律约束力的渊源设定的规则,或者以社会道德、社会政策和经验为基础而采纳的新规则。

89 好的判断力

好的判断力是法律推理的重要要素——比逻辑或演绎更

---

〔2〕 H. L. A. Hart, *The Separation of Law and Morals*, 71 HARV. L. REV. 593, 607–08 (1958).

重要。好的判断力易于辨别但难于定义,但是从根本上说,好的判断力就是这样一种能力,即作出合理且有根基的判决,而该判决须立基于先例、原则,同时有远见卓识且理解法律如何能够推进共同的善。

好的判断力在法律推理中的作用是普遍的。例如,好的判断力在如下情况中是必需的,比如,要将规则周边适用于具体案件,要理解何时应当对规则作出区分以及何时应当创设规则的例外,要在一个案件未受既有规则规范之时建立新规则,要确立法律的转型——如,卡多佐采纳的转型:从制造商对因他们的过失而产生的伤害不承担责任但存在有限例外,到制造商对他们的过失以及所有其他人承担责任;威利·拉特利奇法官(Wiley Rutledge)采纳的转型:从慈善机构通常对因其过失而产生的伤害不承担责任,到他们要承担责任;或者佛罗里达州最高法院的转型:从没有隐私权到认为隐私权是私法的核心。

可能是因为好的判断力的天分无法教授以及很难获得,作为法律推理要素,好的判断力的重要性经常被忽视。就像优雅和洞察力,好的判断力是一种特质(quality),一些人拥有而一些人并不拥有。好的判断力不同于智力,一个人可能有非常高的智力但依然没有好的判断力,好的法官拥有好的判断力,伟大的法官拥有无与伦比的判断力,就是这个特质使他们伟大。

第十二章

基于假设的推理

本章关注基于假设的推理。"假设的"(hypothetical)一词是指假设而非实际的事实。"假设"是指由这些事实构成的场景。

整个法律程序都使用基于假设的推理——审判、口头论辩以及法学院教学。在审判中,基于假设的推理有两种形式。

第一种形式是,法院使用假设以更广泛视角审视案件来帮助裁判案件。此种形式的假设有三个特征:(1)此假设在细节上与案例不同,但是涉及社会道德、社会政策以及经验问题,假设在基本结构上与案例相似;(2)在直觉上,假设比案例更容易决定;(3)因为作为社会命题,假设与案件的基本结构相似,所以假设与案例也不能正当地区分开来。正因如此,案例中的结果应当与假设中的结果相同。

例如,在文森特诉伊利湖运输公司案(Vincent v. Lake Erie Transportation Co.)[1]中,伊利湖运输公司的船只雷诺兹号(The Reynolds)停泊在文森特的码头等待卸货。在卸货过程

---

[1] 109 Minn. 456 (1910).

中出现了强烈风暴,这导致航行中断了两天。在此期间,负责船只的人将缆绳牢牢地系在码头上,一旦缆绳断裂或磨损,就立即更换。冲击雷诺兹号的风暴的风浪力量太大了,以至于它不断地抛向码头并造成损坏。文森特起诉伊利湖运输公司要求赔偿损失,并获得了 500 美元(远高于今天相同数额美元的价值)的赔偿。在上诉中,伊利湖运输公司辩称,根据必需性原理(doctrine of necessity),它不承担责任。该原理是,如果使用他人的财产是避免伤害或避免丧失生命所必需的,那么一个人就可以不经许可而使用他人的财产。法院作出了对文森特有利的裁判,推理部分基于这样一个假设:

> 情况是这样的,规范财产权的普通规则因无法控制的力量而暂停发挥作用,在没有须承担责任之一方当事人的某些行为直接干预的情况下,另一方的财产受到损害,此种损害必须归咎于不可抗力(act of God),而不能归咎于须承担责任之人的不法行为……在那些负责船舶之人刻意且直接的努力下,船舶处于这样一个对码头造成损害的位置,而且以码头为代价保住了船只。在我们看来,船只所有人须在所施加的损害范围内对码头所有人承担责任……
>
> 神学家认为,一个饥饿的人可以毫无道德负罪感地拿走维持生命的必需品;但是很难说,当这个人能够这样做时,他没有义务支付被拿走财产的价值。所以战争或和平时期,公共利益必需(public necessity)可能要求基于

公共目的而征用私人财产;但是在我们的法律制度下,征用必须进行赔偿。

让我们设想一下,在这种情况下,为了更好地停泊船只,那些负责它的人挪用了码头上一个有价值的电缆。无论这样的挪用多么正当,他都不能主张,因为该情况有压倒性的必需,所以电缆的所有人就不能获赔等同电缆的价值……

本案是……这样一个案子……被告出于保存自己更有价值财产的目的,谨慎而有意识地使用了原告的财产,原告有权就已造成的损害获得赔偿。

法院对该假设的使用,阐明了以更广泛视角审视案件的假设推理。本案中的问题为,如果采取的行为是在面对灾难情况时阻止自己财富减少所必需的,但也会附带减少他人的财富,那么行为人是否应当因该行为而支付赔偿。假设中的问题是,在面对灾难情况时为了保存自己的财富而必须挪用他人的财产,对该挪用是否应当给予赔偿。后一种情况比前一种情况更能直观地说明应予赔偿的问题。然而,作为涉及社会命题的问题,很难理解为什么在一种情况下应获得赔偿而在另一种情况下却不应获得赔偿。

戴诉卡顿案(Day v. Caton)[2]是另一个涉及允许法院从更广泛视角审视目前案件之假设推理的案例。戴和卡

---

[2] 119 Mass. 513 (1876).

顿拥有毗邻的地块,而且戴建造了一面横跨在这些地块之间的砖墙。因为这面墙的一半在卡顿的地块上,卡顿可将它作为该土地上建筑物的第四面墙使用。因此戴就要求卡顿支付这面墙价值的一半,卡顿予以拒绝,戴提起诉讼。法院作出裁判认为,卡顿要承担责任,基于如下条件,戴预期卡顿会支付这面墙价值的一半,卡顿知道该预期,而且在戴建这面墙的时候保持了沉默。陪审团作出了对戴有利的判决,卡顿以初审法院的判决不正确为由提起上诉。马萨诸塞州最高法院作出了有利于戴的判决,部分基于如下假设推理:

> 如果一个人日复一日地看到一个劳动者在他的田地里劳作,这必然符合他的利益,明知道劳动者预期其工作会得到报酬,如果不需要劳动者的劳作,通知劳动者极为容易,即使没有明确证明这种通知要求是在劳作之前还是同时提出的,它都可以被公平地推断出来。但是,如果此事只是在一个偶然场合引起他的注意,如果他几乎没有机会通知对方他不想要此种劳作或者只能以牺牲大量时间和引起很多麻烦为代价去通知对方,那么就不会作出他应当为此支付报酬的推论。每一个案件的情况必然会决定,伴随如下两个事实的沉默是否表明产生了合同成立的同意,这两个事实是:知道另一个人正在为他的利益进行有价值的工作且此人预期会得到报酬。该问题将由陪审团决定,主审法官将目前案件

提交给陪审团是适当的。[3]

与文森特诉伊利湖运输公司案相似,戴诉卡顿案阐明了以更广泛视角看待案件的假设推理。在本案中,卡顿明知道戴预期他为该墙价值的一半支付报酬,本可以毫不费力就告诉戴他不会支付报酬,在戴增加他的财富时他还沉默旁观。在假设中(或者在一种版本的假设中),该地的所有人明知道劳动者预期获得赔偿,他本可以毫不费力就告诉劳动者他不会给其赔偿。假设中应承担责任的情况比案例中应承担责任的情况更具有直观性,因为在本案中,即使卡顿不支付这面墙价值的一半,他也会受益于这面墙的建造,而在假设中,如果该地的所有人没有给劳动者赔偿,那么劳动者就丧失其劳作的所有价值。然而,作为涉及社会命题的问题,从责任角度难以理解如下两种情况的不同:明知道另一人想得到赔偿且在该人增加其财富时沉默旁观;不赔偿劳动者就会使劳动者丧失劳动的全部价值,且在另一人增加其财富时还沉默不语。

在裁判中假设推理的第二种形式是,法院使用一个假设来证明或者努力去证明,不应当以某种方式裁判当前案件,因为如果以这种方式裁判该案,就必须以相同方式裁判假设的相似案件,而以相同方式裁判这些案件是不合理的。这有时候称为滑坡推理(Reasoning in slippery slope),滑坡推理是这样一种理念,如果以某种方式来裁判当前案件,那么法院会因

---

[3] *Id.* at 516.

为未来也需要以相同方式进行不合理的裁判而走下坡路。

在普通法案例中采用滑坡推理是罕见的。例如，只有极少的例外，弗雷德里克·肖尔在《滑坡》(Slippery Slopes)一文中[4]没有援引任何普通法案例。滑坡推理在普通法案例中极少采用，存在以下三个原因：

第一，假设的滑坡案例将法院的注意力从当前实际案件的是非曲直中(merit)转移出去。

第二，假设的滑坡案例就是假设性的，可能不会发生。

第三，最重要的一点，假设的滑坡案例经常要与当前案例区分开来，因此案例的判决在假设案例中不具有决定性，即使他们确实发生了也是如此。此点可以通过罗伯逊诉罗切斯特折叠盒公司案(Roberson v. Rochester Folding Box Co.)[5]来说明，这是一个相对少见的基于滑坡推理的普通法案例。在该案中，罗伯逊声称，从事面粉加工、制造和销售业务的富兰克林·米尔斯未经她同意就印刷并出售了大约25,000幅她的印刷品和照片，上面用大字写着"家用面粉"，下面用大字写着"富兰克林·米尔斯(Franklin·Mills)面粉"。罗伯逊起诉了富兰克林，理由是富兰克林侵犯了她的隐私权。纽约法院主要基于滑坡推理作出了对富兰克林有利的裁判：

> 如果(隐私权)被楔入法律……试图合乎逻辑地适用这一原则必然会导致……近乎荒谬的诉讼，隐私权一旦

---

[4] Frederick Schauer, Slippery Slopes, 99 *HARV. L. REV.* 361 (1985).
[5] 171 N. Y. 538 (1902).

被确立为一种法律原则,它就不能局限于限制肖像的发布,也必须包括文字图片的发布,对一个人的外貌、行为、家庭关系或习惯的评论。如果隐私权一旦合法地得以主张,那么它必然会被认为包括同样的事情,即使是口头的评论而不是书面的评论,因为无论是口头的评论还是书面的评论都侵犯了绝对不受打扰的权利。侮辱肯定会侵犯这种权利,对许多人来说,这会比公开他们的照片更严重地伤害他们的感情,所以我们每天所言与所行的清单可能都要增加,这些事情严重冒犯了好人的敏感性,而原告试图嵌入法律原理的原则似乎要使用这些内容。[6]

法院推理的难题是,法院依赖的很多或者大多数假设都能够轻易进行区分。第一,很多假设,诸如对个人外貌的评论,并不涉及侵权法上的侵犯。第二,本案涉及基于商业目的而未经授权使用他人肖像,而假设却不涉及。然而法院所拒绝的隐私权现在已成为主要的法律内容。[7]

假设推理在法律教育中也是广泛使用的。美国法学院主要通过案例教授法律。例如,学习《合同法》的学生会阅读案例书中的案例,这些案例书包含了精选的合同案例,而且课程也是建立在对这些案例的讨论之上。一些法学院教师也讲授

---

〔6〕 *Id.* At 545.
〔7〕 *See* DAN B. DOBBS, DAVID T. HAYDEN & ELLEN M. BUBICK, HORNBOOK ON TORTS 1005-22 (2016); RESTATEMENT OF TORTS sections 652A-652E.

案例,但至少在教授这些普通法科目的过程中,很多或者大多数教师也采用或者主要采用苏格拉底教学法(Socratic Method),即教师问学生案例或者案例判决的问题,而非讲课。这种方法源自柏拉图的《对话录》(Dialogues),在这本书中,苏格拉底问另外一个人一系列旨在让此人能够真正理解问题的探索性问题。

苏格拉底教学法有两种形式,这两种形式都主要基于假设。

在第一种形式中,教师提出一系列涉及案件事实假设变化的问题,如"如果事实 X 是不同的,结果会不同吗?"第二种形式则接近于苏格拉底的方法,老师会提出一系列问题,许多问题是基于假设的,旨在引导学生理解该案例中已经或应当适用的规则。这里有一个例子,是从我教授戴诉卡顿案的笔记中抽出的。(段末括号里的话是我希望得到的答案。)

1.(确认了案件事实之后……)假设 B 朝他朋友 A 的房子走去。B 到了那里,A 正在粉刷篱笆。B 开始与 A 谈话,并拿起一个刷子帮助 A 完成了墙壁粉刷。第二天 B 给 A 送了一个服务账单。B 应当获得赔偿吗?(不应当)

2.该假设与戴诉卡顿案之间有任何不同吗?(处在 A 位置上的通常人不会想到 B 想得到报酬,因为他仅仅是作为朋友来帮忙。处在卡顿位置的通常人大概会想到,戴想得到报酬。)

3.为什么呢?戴在边界线上修建一面墙会失去什么吗?

(是的。因为戴建的墙部分在卡顿的土地上,没有卡顿的同意,他不可能拆除这面墙。)

4. 卡顿会因为这面墙而获得什么吗?(是的,使用这面墙作为第四面墙来建造房子。)

5. 在边界线上修建这面墙足以使处在卡顿位置的通常人知道原告想得到报酬吗?(是的)

6. 在通常人是否会想得到报酬的问题上,戴诉卡顿案中的劳动者假设比戴诉卡顿案本身更容易还是更难认定?(更容易了——该地的所有者有更多理由知道,劳动者的工作完成了,他想得到报酬,因为该工作只有利于所有者。)

7. 假设 A 给 B 发了一个以 19000 美元(公平价格)购买 B 的 2019 年款丰田凯美瑞车的书面要约。要约人规定,如果 B 在三天内没有拒绝要约,她的沉默就构成承诺。B 应当受到约束吗?(不应当)

8. 为什么不应当呢?戴诉卡顿案与该假设能区分开吗?(在凯美瑞假设中,处在 A 位置上的通常人不会预期,B 会受到她单纯沉默的约束,否则并不想要卖凯美瑞的 B 在没有什么表示的情况下就要对预期损害赔偿承担责任。相比而言,在劳动者假设中,处在劳动者位置的通常人可以预期,土地所有人会受到其沉默的约束,因为劳动者对该土地所有者的重大利益有贡献,而且如果该土地所有者不受约束,劳动者就会失去他投入的时间和劳动的价值。)

9. 这能将戴诉卡顿案与该假设充分区分开来吗?(不能;

97 即使该假设更容易,在该假设和本案中,处在获得持续性重要利益位置的行为人,而且作为有理由相信给予该利益的人想得到报酬的通常人,应当大声说出来以消除那人的想法。)

最后,基于假设的推理经常在口头辩论中发挥重要作用。在这个领域中,滑坡推理作用突出,因为法官通常会问律师一些类似这样的问题:"如果你的立场被接受了,难道 A 不会随之而来了吗?" A 是法官认为明显不可取的结果。

第十三章

推翻先例

本章涉及推翻先例,推翻先例发生在法院推翻或者废除有约束力先例建立的规则之场合。推翻可能是明确的也可能是默示的。明确推翻发生在法院明确废除其法域内先例建立的规则时,并以相反的规则取代它。默示推翻发生在法院取消(undo)已建立规则但并未声称推翻它的场合。

乍看起来,推翻似乎与遵循先例原则相冲突。但事实上并非如此,因为遵循先例原则受到不同限制的约束,其中最重要的限制是,在大多数普通法领域,如果先例建立的规则在实质上与社会道德、社会政策不一致,那么法院就可能推翻它(参见第三章)。而且,推翻还受到案例法中默示原则的规范。这个默示原则反映了普通法的三种理念。

第一个理念是,构成普通法的规则应当在实质上与社会道德、社会政策和经验相一致(以下简称"社会一致性")。

第二个理念是,普通法的每一个规则都应当与每一个其他完全合理的规则相一致,而且不应当受制于不一致的例外(inconsistent conception)。

第三个理念是,为了促进规划并保护正当信赖(justified

reliance),普通法规则应当相对稳定(这一理念的力量随领域而有不同。稳定性在一些领域是非常重要的,如财产法,而在其他领域则没那么重要,如侵权法)。稳定性的理念可能与社会一致性的理念相冲突,但是冲突可能会减少,因为社会一致性只是要求规则与社会命题实质一致,而非要求规则是最佳可能的规则。在社会一致性上的小差异也可能存在很大争议,可能难以决定,或者两者兼具,因此如果法院仅仅因为与竞争规则相比,这些规则的社会一致性稍差就要推翻这些规则,那么复制法律推理或者更信赖已建立的规则是非常困难的。进而,在如下三种情况下,稳定性的理念就不会与社会一致性发生冲突了:推翻先例是有预示的、信赖是不合理的,或者规划是不可靠的。

案例法中默示推翻原则如下:如果普通法规则实质上与社会命题不一致,与其他合理规则不一致,充满了不一致的例外,或者明确是不公平和不公正的,且推翻规则的价值超过保留规则的价值,那么它就应当而且通常会被推翻。

明确推翻

推翻的例子涉及慈善豁免原理。根据该原理,慈善组织对其雇员和代理人的过失造成的伤害不承担责任。过去,该原理主要的正当性是,对慈善组织的过失施加责任会耗费慈善组织的资产,导致慈善组织不能贯彻其慈善目的。在渊源上,一种默示范式构成了此种正当性的基础:慈善机构通常是一个小社区的偏僻医院(大多数慈善豁免案件涉及医院),这些医院也要承担过失责任,这在经济上是不可行的,进而也会剥夺这些社区成员的基本医疗服务。

曾经,慈善豁免原理是大多数州的法律,但是现在建立该原理的先例已经被广泛推翻了。[1] 推翻先例的一个理由是,主要的正当性即使曾经立得住现在也不再立得住了。当慈善机构是小社区的偏僻医院而且责任保险并非医疗事业的既定部分时,慈善豁免原理还有些道理。然而,当医院成为大城市资金充足的诸多大型机构之一,且责任保险的可用性和流行性使过失责任成为运行该机构的一般性支出时,此种正当性就没有说服力了。

哥伦比亚特区的美国巡回上诉法院关于慈善豁免原理的著名判决是乔治城学院校长诉休斯案(President and Director of Georgetown College v. Hughes)。[2]

本案由六名法官审理,法院作出了对休斯有利的判决。本案的司法意见由威利·拉特利奇法官(后来的最高法院法官)撰写。包括拉特利奇法官在内的三位法官,投票推翻了慈善豁免原理。其他三位法官没有撰写司法意见,但是拉特利

---

〔1〕 根据53个法域(50个州、哥伦比亚特区、波多黎各和维尔京群岛)的《侵权法重述》(第二次)的1982年附件,35个法院在那时没有提供慈善机构的免责。该附件是40年前写的。假设在这个问题上这是法律的趋势,毫无疑问没有提供慈善豁免的法域数量现在会更高。

〔2〕 130 F. 2d 810 (D. C. Cir. 1942).

奇法官写道,法院判决支持休斯的理由是,他的案子落入该原理的例外。这就出现了三比三的结果,因此有人辩称法院没有推翻该原理。然而,乔治城学院案被广泛认为是推翻先例的主要案例,拉特利奇法官的司法意见阐明了推翻先例原则。

拉特利奇法官给出了放弃慈善豁免原理的四个理由。

第一,他驳斥了该正当性,即慈善机构对过失承担责任会耗费机构的资产,因此慈善机构就不会再执行慈善目标了。拉特利奇法官指出,此理由与该原理的主要例外不一致,在该例外中,免责并不禁止"外人"(stranger)(并非患者的人)的诉讼。他写道:"……未能看到……无论损害赔偿是支付给外人还是慈善的受益人,耗费机构的资产都同样会发生。雇员、访客、私人护士、医生以及大众成员等提起的损害赔偿诉讼和患者提出的损害赔偿诉讼,在频率和严重性上都差不多。"[3]

第二,拉特利奇法官强调,慈善豁免原理之例外与该原理不一致。他臻选出一个外人例外(stranger exception):

> 考虑到保存资金、防止它的资产耗费、剥夺对目标阶层或公众的救助……以及诸如此类的……(该例外)……并没有合理基础。当考虑到(陌生人和受益人阶层)的数量以及大概的风险负担时,有利于外人可能会产生更大风险……
>
> 如果要保存资金……就要求豁免(它不能证成外人

---

[3] *Id.* at 822.

区分对待)(stranger distinction)。如果慈善机构能承担世界上其他所有人的风险并生存下来,它就能为那些它旨在帮助的人这样做。这些人提出的索赔数量或者索赔金额不会比其他人提出的索赔数量或者索赔金额更多。或许是,索赔数量和索赔金额都很少,原因有两点,一是该阶层人数较少,二是发生在通常更容易预防和注意的情况下。[4]

拉特利奇法官没有提到的另一个例外是,慈善豁免原理不适用于与"医疗过失"相对的"管理过失"(administrative negligence)。在必应诉图尼格案(Bing v. Thunig)[5]中,纽约上诉法院(New York Court of Appeals)说到了该例外:

> 医院认为,(声称的)过失是在实施"医疗"行为时发生的,因此……不适用"雇主责任"原理(respondeat superior)使其承担责任。在此语境下,区分"医疗"和"管理"的困难……就成为焦点。
>
> 这个困难长期以来都困扰着法院……将盖子没盖好的热水瓶放在病人身上是管理问题……而把热水瓶放在病人身上太久则是医疗问题……错给病人输血是管理问题……而给病人输入了错误类型的血液是医疗问题……使用没好好消毒的针头进行皮下注射是管理问题……而不适当的皮

---

[4] *Id.* at 826.
[5] 2 N. Y. 2d 656 (1957).

下注射是医疗问题……认为有必要放置餐具柜的护士没有将餐具柜放在床上,这属于管理问题……而的确需要餐具柜时没有决定应当使用它则是医疗问题……[6]

因此,拉特利奇法官写道,"(慈善豁免)规则在适用过程中出现了不一致,充满了许多例外,受到了各种限定和改进"。[7]

第三,拉特利奇法官指出,由于慈善豁免原理只适用于慈善机构,它与慈善个人未获免责之规则是不一致的。

> 慈善机构和慈善个人的区分是非常奇怪的区分,就相似的情况下的相似服务和相似过失,一个被免除责任而另一个要承担责任。医院可能由于自己的过失而导致慈善机构的患者残疾或者死亡,但是医务人员,他们在没有报酬或者没有考虑到报酬的情况下做手术或者参与手术,却不敢在疲惫或者紧急时刻稍有疏忽。[8]

第四,拉特利奇法官指出,慈善豁免原理与社会道德也是不一致的,特别是行为人在道德上有义务慎重行事而且有义务赔偿因其过失而遭受伤害的人时。一旦这一点清楚了,将慈善机构的过失与其他每个人的过失区别对待没有正当性,如下情况就非常清楚了,涉及社会道德问题,慈善机构在道德上与其他每个人一样有义务慎重行事。

---

[6] *Id.* at 663.
[7] *Id.*
[8] *Georgetown* at 814.

慈善豁免原理也与经验不一致，正如拉特利奇法官所写：

> 没有统计证据表明，在施加全部责任或部分责任的州，慈善机构的死亡率或瘫痪率高于给予完全免责或基本完全免责的州的慈善机构……慈善机构似乎都存活下来且数量不断增加……它们很少关注是否要承担侵权责任……
>
> 此外，如果有耗费机构资产的风险，现在可用保险来预防，谨慎的管理将提供保护。必须支付的保险费会摧毁重要的慈善机构……这一说法高度可疑……就慈善机构而言，利害攸关的是合理保护的成本、作为其融资额外增加的需负担的保险费数额，而非对其全部资产的损害赔偿。[9]

拉特利奇也指出，几乎所有评论家都批判慈善豁免原理。"学术观点……几乎是一致的……当不同学者的观点……是一致或者几乎一致，而法官之间的观点很混乱时，前者指明了未来的法律，而后者目前是指向所有方向。"[10]几乎一致的学术观点是非常重要的，不仅仅是因为其质疑了规则的合理性，而且也因为其预示了对先例规则的推翻，并因此降低了稳定性的权重。

拉特利奇法官得出结论认为：

---

[9] *Id.* at 823-824.
[10] *Georgetown* at 812.

"这一规则"没有经受住时间和判决的考验。从结果来判断,它已经被它的"例外"吞噬了。争论一直都在持续,与其说是否应当修改,不如说是否应随着不断扩大的修改而"修改"多少……如果在验证什么是"法律"或者"普遍规则"时,我们着眼于结果而非司法意见中的文字或表述形式,免责就不是"规则",承担责任也不是"例外"。这条规则在众多偏离中只不过成了一件古董而已。[11]

104 简言之,推翻原则要求,慈善豁免原理应当被推翻,而且该原理也确实被一致推翻了。一方面,推翻该原理的价值很大,因为该原理与社会道德和经验严重不一致,与其他有合理基础的法律规则也不一致,而且充满了不一致的例外。另一方面,保留该原理的价值很小。信赖也没有正当性了,因为根据慈善豁免原理,过失没有任何代价,那么他就可以随意粗心而为。规划也不是问题,由于责任保险的可用性和广泛使用,医院和任何其他慈善组织都很难主张,其没有就过失责任进行过规划。正如拉特利奇法官指出,该规则已经仅仅是件古董了。这曾是一个唾手可得的果实,只等采撷了。[12]

基于导致慈善豁免原理被推翻的相同原因,从 1940 年代

---

[11] Id. at 817.
[12] 推翻慈善豁免原理的两个典型案例分别是,Collopy v. Newark Eye and Ear Infirmary, 27 N. J. 29 (1958) and Albritton v. Neighborhood Centers Ass'n, 466 N. E. 2d 867 (Ohio 1964)。

开始,法院也推翻了建立其他豁免的先例,如学区豁免[13]、配偶豁免[14]、父母豁免[15],以及针对出生前伤害责任的豁免。[16] 总而言之,数百个案例推翻了不同的豁免。

明确推翻的另一个例子涉及共同过失规则。根据该规则,在原告受到被告过失的伤害,但是原告自己的过失也导致了该伤害时,原告就无法获得赔偿(也有一个例外,即被告最后有明确机会来避免导致该伤害),即使与被告的过失相比,原告的过失非常轻微,也同样如此。

在1970年代之前,案例法几乎统一采纳了这个规则,而评论家几乎统一谴责该规则。例如,主要在《侵权法入门》一书中,多布斯、海登和布布里克写道,共同过失原理"严重偏离责任和威慑的理念,因为它完全使被告免于责任,即使他是迄今为止最粗心的行为人"。[17] 因为共同过失规则明显是不公平和不公正的,推翻该规则的价值很大。相比而言,保留该规则的价值极小。行为人能够主张信赖共同过失规则的唯一方式是辩称,行为人因为该规则的存在而更加粗心了,然而此种信

---

[13] See, e. g., Molitor v. Kaneland Community Unit District, 48 Ill. 2d 11 (1950).

[14] See, e. g., Klein v. Klein, 58 Cal. 2d 692 (1962).

[15] See, e. g., Broadbent v. Broadbent, 184 Ariz. 74 (1995); Woods v. Lancet, 303 N. Y. 349.

[16] See, e. g., Tucker v. Howard L. Carmichael & Sons, Inc., 208 Ga. 201 (1951); Amann v. Faidy, 415 Ill. 422 (1953).

[17] DAN B. DOBBS, PAUL T. HAYDEN & ELLEN M. BURBICK, HORNBOOK ON TORTS 380 (2d ed. 2016).

赖是不正当的。出于相同原因,行为人基于该规则进行规划就缺乏正当性。

由于共同过失规则是不公平且不公正的(inequitable and unjust),该规则已经被统一推翻了,而比较过失规则得到了支持。在比较过失规则下,法律并不禁止其过失也导致自身伤害的原告获得赔偿,而是要根据原告自身导致伤害的过失减少赔偿。此种推翻的诸多进程是立法性的,该进程始于佛罗里达州最高法院判决的霍夫曼诉琼斯案[18],法院也通过推翻共同过失规则作出了贡献。在该案中,法院写道,"在一方的过失行为加上另一方当事人的过失共同造成了损失时,将全部意外损失归咎于这一方是不公平也不公正的"。[19] 两年后,在李诉黄色计程车案(Li v. Yellow Cab)[20]中,加利福尼亚州最高法院在推翻建立共同过失规则的加州先例时写道:

> 我们没有必要列举这些年来针对促成否定共同过失原理之"全有全无"进路的大量批判性评论。这种批判的实质是一贯且明确的:这一原理在操作上是不公平的,因为它没有按照过失比例来分配责任。针对此点,已经提出了几个正当性论证,但没有一个论证是完全适当的。对此原理的基本反对基于这样一个基本概念,即在以过失为基础的责任体系中,应当根据过失的程度决定责任

---

[18] 280 So. 2d 431 (1973).
[19] Id. at 436.
[20] 532 P. 2d 1228 (1975).

的程度,这对于理性和所有明智的公平观念来说仍然是不可抗拒的。[21]

默示推翻(Implicit Overruling)

如果基于先例建立的规则在推翻先例原则下(overruling principle)适于推翻,那么通常来说法院就会推翻它。然而,在一些案例中,法院没有明确推翻先例,而是通过默示转换(transformation)程序来推翻它,转换程序是指法院声称遵从先例但实际上废除了先例。

涉及转换的案例偏离了如下原则,即先例建立的规则是先例法院用于决定案件审理结果的规则。然而,转换法院(transforming court)将先例切割成想要的结果,有效地忽略先例法院所说的,进而采纳了一个新规则。法院宣称新规则与先例一致,尽管事实上并非如此。

例如,在1977年判决的舍洛克诉静水诊所案(Sherlock v. Stillwater Clinic)[22]中,明尼苏达州最高法院就转换了一个规

---

[21] See also, e. g. , Battalla v. New York, 10 N. Y. 2d 237, 239 (1961) ("我们的意见是,米切尔案应当被推翻。毫无争议的是,该规则的严格适用是不公正的,而且与经验和逻辑相悖。"); Javins v. First National Realty Corp. , 428 F. 2d 1021 (D. C. Cir. 1970) (J. Skelly Wright, J.) ("考虑到当代生活的事实和情况,法院有义务重新评估老旧的原理…… 普通法的持续生命力…… 依据反映社群价值和伦理的能力。")。

[22] 260 N. W. 2d 169 (Minn. 1977).

则,这个规则是该院于 1934 年在克里斯滕森诉索恩比案中(Christensen v. Thornby)建立的。[23] 在那个案件中,克里斯滕森的妻子在生老大的时候经历了难产,而且被告知再生一个孩子会很危险。医生索恩比对克里斯滕森建议,输精管切除术(vasectomy)会保护他的妻子免于受精。索恩比做了这个手术,并告诉克里斯滕森手术成功,而且保证不会生育。然而这个报告是不准确的:输精管切除术并不成功。随后,克里斯滕森的妻子怀孕而且生了孩子。她幸免于难,但是克里斯滕森起诉了索恩比,要求获得关于情感伤害以及因怀孕和生育所产生的经济花费的赔偿。明尼苏达州最高法院基于两个理由维持了对索恩比有利的判决:第一,克里斯滕森并未主张索恩比有欺诈的意图;第二,健康孩子的出生不构成伤害。法院认为:"所主张的花费是因孩子出生而附带产生的,而且避免这些花费与手术的明确目的过于遥远了。原告还要被告负担整个未成年时期的抚养和教育成本。"[24]

舍洛克案与克里斯滕森案极为相似。舍洛克有七个孩子而且想确保他们的家庭不再添丁。基于该目的,他们咨询了静水诊所的斯特拉特博士(Dr. Stratte),斯特拉特给舍洛克先生做了输精管切除术。两月后,舍洛克先生将他的精液样本带到诊所进行检测,斯特拉特报告说他的精液中没有精子。由于信赖了这个报告,舍洛克夫妇就恢复了正常的性生活。

[23] 192 Minn. 123 (1934).
[24] *Id.* at 126.

然而,该报告是不正确的,舍洛克先生的精液中并非没有精子。因此,舍洛克女士怀孕而且生了一个健康的宝宝。舍洛克夫妇起诉了诊所和斯特拉特博士,要求获得以下项目的损害赔偿:舍洛克女士怀孕和生产期间的痛苦、抚养和教育孩子直到成年的花费、舍洛克先生暂时失去妻子陪伴的损失。

回忆一下,在克里斯滕森案中,法院说"原告还要被告负担整个未成年时期的营养和教育成本",即舍洛克索赔的项目。法院没有推翻克里斯滕森案,但是其将该案予以转换,认为舍洛克夫妇可以获得他们要求的损害赔偿:

> 在(在克里斯滕森案中)作出的技术处置之外,法院在该案中明确认为……如果经过适当的辩论,针对手术操作不当的医生提起的诉讼可以予以支持。从适当的立场来看,"克里斯滕森案"只能说明这一点,即不适当的绝育手术存在诉因。

关于转换最重要的例子或许是麦克弗森诉别克汽车公司案(MacPherson v. Buick Motor Co.)[25],该案由纽约上诉法院判决,由卡多佐撰写司法意见。该案将一个规则予以转换,而该规则经过一系列纽约州案例的适用才得以采纳,最早可追溯至1852年判决的托马斯诉温切斯特案(Thomas v. Winchester)。[26] 温切斯特生产了一罐毒药颠茄(belladonna),却贴上

---

[25] 260 N. W. at 172.
[26] 6 N. Y. 381 (1852).

了药物蒲公英的标签。托马斯从一个药剂师那里买了这个罐子,服用了颠茄,然后得了重病。法院认为,在一个疏忽大意的制造商制造的缺陷产品造成伤害时,该制造商只对其直接购买者承担责任,但法院在产品将人之生命置于即时危险时创设一个例外,并以这罐颠茄具有即时危险为由,作出了对托马斯有利的判决。

其后,纽约法院在具体产品是否有即时危险上动摇了。在纽约法院于 1870 年判决的卢浦诉利奇菲尔德案(Loop v. Litchfield)[27]中,一家制造商制造一把圆锯时有过失,这把圆锯崩飞了,对原告造成了致命伤害,原告从原买方那里获得圆锯的所有权。法院拒绝适用即时危险例外,并作出了有利于制造商的判决。在纽约法院于 1873 年判决的洛瑟诉克卢特(Losee v. Clute)案[28]中,一家制造商制造一台蒸汽锅炉时有过失,锅炉爆炸并损坏了原告的财产。法院拒绝适用即时危险例外,作出了对制造商有利的判决。在纽约法院于 1882 年判决的德夫林诉史密斯案[29]中,被告搭建油漆工脚手架时有过失,导致一名工人死亡。法院适用了即时危险例外,并认定被告承担责任。在纽约法院于 1909 年判决的斯塔特勒诉乔治·A.雷制造公司案(Statler v. George A. Ray Mfg. Co.)[30]中,被告对制造一个用于餐厅的咖啡壶有过失,该咖啡壶爆炸

---

[27] 42 N. Y. 351 (1870).
[28] 51 N. Y. 494 (1873).
[29] 89 N. Y. 470 (1882).
[30] 195 N. Y. 478 (1909).

并伤害了原告,原告是从经销商处购买的咖啡壶。法院适用了即时危险例外,并作出了对原告有利的判决。

我们来看麦克弗森案。在该案中,别克汽车公司制造了一辆汽车,把它卖给了一家经销商,经销商又将汽车转卖给麦克弗森。这辆汽车的一个轮子是用劣质木材制成的,麦克弗森开车的时候车轮崩了。他受到伤害,起诉了别克公司。别克公司是从另一家制造商处购买的车轮,但有证据表明,只要别克公司进行合理的检查就可以发现缺陷。麦克弗森在陪审团对别克公司的判决中胜诉,别克公司提起上诉。规范制造商过失责任的规则属于推翻原则,因为它与过失原则不一致,且在社会道德或社会政策方面并不存在制造商不应对其过失承担责任的适当理由。但是卡多佐并没有明确推翻它。相反,他通过将规则转换得出了相同的结果:

> 我们认为,托马斯诉温切斯特案中适用的原则不限于毒药、炸药和类似性质的东西,也不限于正常操作中属于破坏工具的东西。如果一个物品具有如下性质,当它的制造有过失时,相当确定的是,该物品肯定会将生命置于危险之中,那么它就是一件危险品……如果就危险因素而言,还知道该物品将由购买者以外的人使用,并且无需新的测试就会使用该物品,那么,不管合同如何约定,该危险品的制造商都有义务谨慎地制造该物品。[31]

---

[31] 217 N. Y. at 389.

在形式上,卡多佐没有推翻采纳制造商责任规则以及即时危险例外的先例,而仅仅声称延伸了该规则和例外。然而在实质上,卡多佐通过如下规则对原规则和例外都进行了转换,即如果一个物品的性质是,当它被制造时有过失,相当确定的是该物品肯定会将生命置于危险之中,那么它就是一件危险品。而且如果制造商对制造危险品有过失,其就要承担责任。在此规则下,责任不再依据物品是否会产生即时危险。相反,是否有责任取决于过失制造的物品是否会产生危险,以及由于过失制造的任何物品都有危险性,根据卡多佐采纳的规则,制造商对其过失造成伤害的所有人都承担责任,而非仅仅对直接的买受人承担责任。换言之,卡多佐将制造商责任规则以及即时危险例外都转换成了一个简单的过失规则,即适用于除制造商以外所有人的相同规则。

索 引[*]

Adams v. New Jersey Steamboat Co. 亚当斯诉新泽西轮船公司案 83-84

Aiello Construction, Inc. v. Nationwide Tractor Trailer Training and Placement Co. 艾洛建筑公司诉全国拖拉机拖车培训和安置公司案 11

Alexander, Larry 拉里·亚历山大 9-12, 13, 31, 43

 on analogy-based legal reasoning 论类比法律推理 83

 on distinguishing principle 论作出区分原则 81

 on stare decisis principle 论遵循先例原则 17-18

Alexander rule model 亚历山大的规则模型 9-12

 in *Aiello Construction, Inc. v. Nationwide Tractor Trailer Training and Placement Co.* 艾洛建筑公司诉全国拖拉机拖车培训和安置公司案 11

 in *Louise Caroline Nursing Home, Inc. v. Dix Construction Co.* 路易丝·卡罗琳护理之家公司诉迪克斯建筑公司案 10-11

 in *Valentine v. General American Credit, Inc.* 瓦伦丁诉美国通用信贷公司案 11

---

[*] 本索引所列页码为原版书页码,即本书中文版的页边码。——译者注

in *Vitex Mfg. Corp. v. Caribtex Corp.* 维泰克斯制造有限公司诉卡瑞布泰克斯公司案 11
Alexy, Robert 罗伯特·亚历克西 2
American Bar Association 美国律师协会 2
American Law Institute 美国法学会 2, 4
ALI Principles [of Corporate Governance]... 美国法学会《公司治理原则》 3-4
on authoritative rules 权威性规则 39-40
analogy-based legal reasoning 类比法律推理 7-8
Adams v. New Jersey Steamboat Co. 亚当斯诉新泽西轮船公司案 83-84
 Alexander on 亚历山大 83
 datasets for 数据集 7-8
 Dworkin on 德沃金 83
 fact analogy and 事实类比 85
 limitations of 局限 8
 Oppenheimer v. Kreidel 奥本海默诉克赖德案 84-85
 scope of 适用范围 82-83
 Sherwin on 舍温 82-83
 Weinreb on 温因雷布 82, 83
Angel v. Murray 安杰尔诉默里案 28-29
authoritative although not legally binding rules in common law reasoning 普通法推理中权威却无法律约束力的规则

American Law Institute on 美国法学会 39-40

Contemporary Mission v. Famous Music Corp. 当代使命公司诉著名音乐公司案 39

    contract law and 合同法 39

    Cukor v. Mikalauskus 丘克诉米卡洛斯库斯案 37

    dicta 附带意见 36-37

    Greenawalt on 格里纳沃尔特 35-36

    Kirksey v. Kirksey 柯克西诉柯克西案 37-38

    McIntyre v. Ballentine 麦金太尔诉巴伦坦案 36

    primary rules 初级规则 35

    Restatement of Contracts and 合同法重述 34, 37

        Section 90 第90条 38

    rule of recognition and 承认规则 34

    secondary rules 次级规则 35

Bartha, Paul 保罗·巴萨 82

Bayern, Shawn 肖恩·拜仁 29-30

Bell, John 约翰·贝尔 14

Benditt, Theodore 西奥多·本迪特 18-19

Bing v. Thunig 必应诉图尼格案 101-102

Brewer, Scott 斯科特·布鲁尔 7, 83

British Law Commission 英国法学会 51

Calabresi, Guido 奎多·卡拉布雷西 27

Cardozo, Benjamin N. 本杰明·N.卡多佐 70

Case Interpretation (Bayern)　案例解释（拜仁）　29-30
charitable immunity doctrine　慈善豁免原理　99-104
Christensen v. Thornby　克里斯滕森诉索恩比案　106-108
civil law systems　大陆法系　1-2
　　　common law systems and, convergence between　普通法系，趋同　1-2
Coleman, Jules　朱尔斯·科尔曼　51
Committee on Uniform Laws　统一法律委员会　2
common law reasoning. *See also* authoritative although not legally binding rules in common law reasoning; rule-based reasoning　普通法推理，也可参见普通法推理中权威却无法律约束力的规则；以规则为基础的推理
　　　Alexander rule model　亚历山大的规则模型　9-12
　　　　　in *Aiello Construction, Inc. v. Nationwide Tractor Trailer Training and Placement Co.*　艾洛建筑公司诉全国拖拉机拖车培训和安置公司案　11
　　　　　in *Louise Caroline Nursing Home, Inc. v. Dix Construction Co.*　路易丝·卡罗琳护理之家公司诉迪克斯建筑公司案　10-11
　　　　　in *Valentine v. General American Credit, Inc.*　瓦伦丁诉美国通用信贷公司案　11
　　　　　in *VitexMfg. Corp. v. Caribtex Corp.*　维泰克斯制造有限公司诉卡瑞布泰克斯公司案　11

deferred standards and 延期标准 63
doctrinal propositions 规则命题 41
social propositions 社会命题 41
stability of 稳定性 19-20
stare decisis principle 遵循先例原则 9
 stability of common law, as justification for 普通法的稳定性,作为正当性基础 19-20
common law systems 普通法系 1
 civil law systems and, convergence between 大陆法系,趋同 1-2
 stare decisis principle in 遵循先例原则 7, 9
 in U. S. 美国 3-4
  ALI Principles[of Corporate Governance]... 美国法学会公司治理原则 3-4
  Cukor v. Mikalauskus 丘克诉米卡洛斯库斯案 3-4
comparative negligence, doctrine of 比较过失原理 57-58
Comparing Precedent (Bell) 《比较先例》(贝尔) 14
The Concept of Law (Hart) 《法律的概念》(哈特) 48-49
Contemporary Mission, Inc. v. Famous Music Corp. 当代使命公司诉著名音乐公司案 66-67
Contemporary Mission v. Famous Music Corp. 当代使命公司诉著名音乐公司案 39
contract law 合同法

authoritative rules and　权威规则　39
Restatement of Contracts and　《合同法重述》　34, 37
reliance and　信赖　45-46
Section 90　第90条　38, 45-46
social policy in　社会政策　52-54
contributory negligence rule　共同过失规则　104-106
Corbin, Arthur　阿瑟·科宾　39
corporation law　公司法
Model Business Corporation Act　《模范商事公司法》　2
Cukor v. Mikalauskus　丘克诉米卡洛斯库斯案　3-4, 37
Day v. Caton　戴诉卡顿案　92-93
deduction, definition and scope of　演绎, 定义与适用范围　86-88
deferred standards　延期标准　63
common law rules compared to　普通法规则　63
Determining the Ratio Decidendi of a Case (Goodhart)　《确定案例的判决理由》（古德哈特）　25
dicta, dictum and　附带意见　29-30
authoritative rules and　权威规则　36-37
legal statements as　法律表述　29
as non-binding　没有约束力　29-30
distinguishing principle　作出区分原则　78-81
Alexander on　亚历山大　81

    exceptions compared to　例外　80-81

    fact-based　基于事实的区分　78-79

    hiving off new legal rules compared to　分离新法律规则　80-81

    rule-based　基于规则的区分　79-80

    Sherwin on　舍温　81

Donoghue v. Stevenson　多诺霍诉史蒂文森案　25-26

Doughy v. Underwriters at Lloyds, London　多伊诉伦敦劳埃德保险商案　29-30

Dreier, Ralf　拉尔夫·德赖尔　2

duty of good faith principle　善意义务原则　47-48

Dworkin, Ronald　罗纳德·德沃金　54-55, 60-61

    on analogy-based legal reasoning　类比法律推理　83

Easterbrook, Frank　弗兰克·伊斯特布鲁克　20, 36-37

Edlin, Aaron　阿伦·艾埃琳　13

evidence　证据　74-75

    Federal Rules of Evidence　联邦证据规则　74-75

    hearsay rule　传闻规则　74-75

exceptions, legal　例外　73

    distinguishing principle compared to　作出区分原则　80-81

    inconsistent　不一致　76-78

explicit overruling　默认推翻　99-106

    Bing v. Thunig　必应诉图尼格案　101-102

charitable immunity doctrine and 慈善豁免原理 99-104
contributory negligence rule 共同过失规则 104-106
Li v. Yellow Cab 李诉黄色计程车案 105-106
President and Director of Georgetown College v. Hughes 乔治城学院校长诉休斯案 100-104
Restatement (Second) of Torts and 《侵权法重述》（第二次） 99-100
fact-based analogy, legal reasoning by 基于事实的类比 85
fact-based distinguishing 基于事实的区分 78-79
fairness, under stare decisis principle, as justification 遵循先例原则下的公平 16-19
Federal Rules of Evidence 联邦证据规则 74-75
formal justice argument for precedent 先例的形式正义观 17
France, legal precedents in, non-binding 法国，法律先例无约束力 2
Garner, Bryan 布赖恩·加纳 16
good judgment, in legal reasoning 好的判断力 89
Goodhart, Arthur 阿瑟·古德哈特 25-26
Greenawalt, Kent 肯特·格里纳沃尔特 35-36
Gregory v. Cott 格雷戈里诉科特案 54, 56
Hadley v. Baxendale 哈德利诉巴克森代尔案 28-29, 57-58, 67-69
Hart, H. L. A. 哈特，H. L. A. 34, 48-49

See also authoritative rules　也可参见权威规则

　　　　on common law legal rules core of　普通法规则的核心 64, 87-88

　　　　　　penumbra of　周边　64, 87-88

　　　　on critical morality　批判道德　43

　　　　on legal positivism　法律实证主义　48-51

　　　　　　reliance principle and　信赖原则　50

　　　　　　tenets of　信条　49-50

　　　　　　unconscionability principle and　显失公平原则　50

　　　　on social morality　社会道德　43-44

Hart, Henry　亨利·哈特　27

Hartz, Harris　哈里斯·哈茨　25. 60, 15-16

hearsay rule　传闻规则　74-75

Hector Martinez and Co. v. Southern Pacific Transp. Co.　赫克托马丁内斯公司诉南太平洋运输公司案　69

Hernandez v. Hammond Homes, Ltd.　埃尔南德斯诉哈蒙德住宅公司案　5-7

Hindu law　印度法　1

hiving off new legal rules　分离新法律规则　71-73

　　　　distinguishing principle compared to　作出区分原则　80-81

Hoffman v. Jones　霍夫曼诉琼斯案　58

holdings　裁决　27-29

　　　Angel v. Murray　安杰尔诉默里案　28-29

Hadley v. Baxendale 哈德利诉巴克森代尔　28-29
horizontal stare decisis　水平性遵循先例　21-22
　　　law-of-the-Circuit doctrine　巡回法院先例法律原理　22
hypotheticals, legal reasoning from application of　基于假设的推理　90
　　　Day v. Caton　戴诉卡顿案　92-93
　　　in legal education　法律教育　95-97
　　　slippery slope reasoning　滑坡推理　93-95
　　　　　Roberson v. Rochester Folding Box Co.　罗伯逊诉罗切斯特折叠盒公司案　94-95
　　　Vincent v. Lake Erie Transportation Co.　文森特诉伊利湖运输公司案　90-92
implicit overruling　默示推翻　106-110
　　　Christensen v. Thornby　克里斯滕森诉索恩比案　106-8
　　　lack of candor in　缺乏坦诚　110
　　　MacPherson v. Buick Motor Co.　麦克弗森诉别克汽车公司案　108-110
　　　Sherlock v. Stillwater Clinic　舍洛克诉静水诊所案　106-108
　　　Thomas v. Winchester　托马斯诉温切斯特案　108-110
inconsistent legal exceptions　不一致的法律例外　76-78
Islamic law　伊斯兰法　1
jurisdictional limits on stare decisis principle　遵循先例原则的管辖范围限制　23-24

Kaplow, Louis 路易丝·卡普洛 63
Kenford Co. v. Erie County 肯福德公司诉伊利县案 65
Kirksey v. Kirksey 柯克西诉柯克西案 37-38
Kutz, Chris 克里斯·库茨 106-107
  Lamond, Grant 格兰特·拉蒙德 82
The Law of Judicial Precedent (Garner) 司法先例的法律（加纳） 16
law-of-the-Circuit doctrine 巡回法院先例法律原理 22
legal education, hypotheticals in 法律教育 95-97
legal positivism 法律实证主义 48-51
  reliance principle and 信赖原则 50
  tenets of 信条 49-50
  unconscionability principle and 显失公平原则 50
legal precedent. *See* precedent 法律先例。参见先例
legal principles 法律原则 61-63
  legal rules compared to 法律规则 62-63
legal reasoning. *See also* common law reasoning; rule-based reasoning; social morality 法律推理。也可参见普通法法律推理；以规则为基础的推理；社会道德
  analogy-based 类比推理 7-8
  datasets for 数据集 7-8
  limitations of 限制 8
  empirical positions in 经验命题 41-48, 55-57

by fact analogy 事实类比 85
good judgment as element of 好的判断力 89
rule-based 基于规则
　　doctrine of comparative negligence 比较过失原理 57-58
　　Hadley v. Baxendale 哈德利诉巴克森代尔案 57-58
　　Hoffman v. Jones 霍夫曼诉琼斯案 58
　　right of privacy 隐私权 58-59
similarity-based 基于相似性 8-9
social policy in 社会政策 41-48
　　contract law and 合同法 44-45
legal rules, in common law 普通法中的法律规则 60-61
　　See also rule-based legal reasoning; rule-based reasoning; rules 也可参见基于规则的法律推理；基于规则的推理；规则
　　Contemporary Mission, Inc. v. Famous Music Corp. 当代使命公司诉著名音乐公司案 66-67
　　core of 核心 64, 87-88
　　deferred standards compared to 延期标准 63
　　Hadley v. Baxendale 哈德利诉巴克森代尔案 67-69
　　Hart on 哈特 64, 87-88
　　Hector Martinez and Co. v. SouthernPacfic Transp. Co. 赫克托马丁内斯公司诉南太平洋运输公司案 69
　　hiving off 分离 71-73

Kenford Co. v. Erie County　肯福德公司诉伊利县案　65
　　legal principles compared to　法律原则　62-63
　　malleability of　延展性　64-70
　　　　Cardozo on　卡多佐　70
　　　　Schauer on　肖尔　70
　　penumbra of　周边　64, 87-88
　　Rombola v. Cosindis　罗姆博拉诉科辛达斯案　65-66
legal standards　法律标准　63
　　deferred standards　延期标准　63
　　　　common law rules compared to　普通法规则　63
　　prospective overruling　未来推翻　63
Leiter, Brian　布赖恩·莱特　51
Leval, Pierre　皮埃尔·勒瓦尔　29-30
Li v. Yellow Cab　李诉黄色计程车案　105-106
logic　逻辑　86
Louise Caroline Nursing Home, Inc. v. Dix Construction Co.　路丝斯·卡罗琳护理之家公司诉迪克斯建筑公司案　10-11
Lowery v. Alabama Power Co.　洛厄里诉阿拉巴马电力公司案　32-33
Lyon, David　戴维·莱昂斯　17, 18
MacPherson v. Buick Motor Co.　麦克弗森诉别克汽车公司案　108-110
McIntyre v. Ballentine　麦金太尔诉巴伦坦案　36

mixed legal systems　混合法系　1
Model Business Corporation Act, U. S.　《模范商事公司法》　2
The Model of Rules (Dworkin)　《规则的模式》(德沃金)　60-61
morality　道德　42
　　See also social morality　也可参见社会道德
　　critical　批判道德　43
　　of judges　法官道德　42
nongovernmental organizations (NGOs), role in private law　非政府组织 (NGOs), 在私法中的地位　2
Oppenheimer v. Kreidel　奥本海默诉克赖德案　84-85
overruling　推翻先例
　　explicit　明确推翻　99-106
　　　　Bing v. Thunig　必应诉图尼格案　101-102
　　　　charitable immunity doctrine and　慈善豁免原理 99-104
　　　　contributory negligence rule　共同过失规则　104-106
　　　　Li v. Yellow Cab　李诉黄色计程车案　105-106
　　　　President and Director of Georgetown College v. Hughes　乔治城学院校长诉休斯案　100-104
　　　　Restatement (Second) of Torts and　《侵权法重述》(第二次)　99-100
　　　　ideals for　理念　98-99
　　implicit　默示推翻　106-110

Christensen v. Thornby　克里斯滕森诉索恩比案　106-108

　　　　lack of candor in　缺乏坦诚　110

　　　　MacPherson v. Buick Motor Co.　麦克弗森诉别克汽车公司案　108-110

　　　　Sherlock v. Stillwater Clinic　舍洛克诉静水诊所案　106-108

　　　　Thomas v. Winchester　托马斯诉温切斯特案　108-110

　　prospective, legal standards for　未来的，法律标准　63

　　stare decisis principle and　遵循先例原则　98

positivism. *See* legal positivism　实证主义。参见法律实证主义

Positivism and the Separation of Law and Morals (Hart)　《实证主义与法和道德分离》(哈特)　48-49

Posner, Richard　理查德·波斯纳　83

Postema, Gerald　杰拉尔德·波斯特玛　7, 83

precedent, legal. *See also* rules　先例法律的。也可参见规则

　　Alexander rule model　亚历山大的规则模型　9-12

　　　　in *Aiello Construction, Inc. v. Nationwide Tractor Trailer Training and Placement Co.*　艾洛建筑公司诉全国拖拉机拖车培训和安置公司案　11

　　　　in *Louise Caroline Nursing Home, Inc. v. Dix Construction Co.*　路易丝·卡罗琳护理之家公司诉迪克斯建筑公司案　10-11

in *Valentine v. General American Credit, Inc.* 瓦伦丁诉美国通用信贷公司案 11

in *VitexMfg. Corp. v. Caribtex Corp.* 维泰克斯制造有限公司诉卡瑞布泰克斯公司案 11

  definition and scope of 定义和范围 13-15
  descriptive meaning of 描述性的意思 13-14
  normative meaning of 规范性的意思 14
  dicta 附带意见 29-30
  formal justice argument for 形式正义观 17
  in France, as non-binding 无约束力 2
  private law and 私法 1-2
  stare decisis principle and, as justifications for 遵循先例原则,正当性 20

President and Director of Georgetown College v. Hughes 乔治城学院校长诉休斯案 100-104

Pretka v. Kolter City Plaza II, Inc. 普雷特卡诉科特市第二广场公司案 32-33

Principles of Law (American Law Institute) 《法律原则》(美国法学会) 39-40

privacy, right of 隐私权 58-59

private law 私法 1
  in Civil Codes 《民法典》 1-2
  legal precedents and 法律先例 1-2

in U. S. 美国 2-3

prospective overruling 未来推翻 63

public law 公法 1

ratio decidendi 判决理由 30-31

    Determining the Ratio Decidendi of a Case 《确定案例的判决理由》 25

The Ratio of the Ratio Decidendi (Stone) 《判决理由的理由》（斯通） 25-26

Reich v. Continental Cas. Co. 赖克诉大陆油气公司案 29-30

reliance principle 信赖原则 45-46, 50

religious systems 宗教法 1

Restatement (American Law Institute) 重述（美国法学会） 39-40

Restatement of Contracts 《合同法重述》 34, 37

    Section 90 第90条 38

        reliance and 信赖 45-46

Restatement (Second) of Torts 《侵权法重述》(第二次) 99-100

Roberson v. Rochester Folding Box Co. 罗伯逊诉罗切斯特折叠盒公司案 94-95

Rombola v. Cosindis 罗姆博拉诉科辛达斯案 65-66

rule of law, stare decisis principle and 法治,遵循先例原则 20

rule of recognition 承认规则 34

rule-based distinguishing principle　基于规则的区分原则 79-80

rule-based legal reasoning　基于规则的法律推理

  doctrine of comparative negligence　比较过失原理　57-58

  Hadley v. Baxendale　哈德利诉巴克森代尔案　57-58

  Hoffman v. Jones　霍夫曼诉琼斯案　58

  right of privacy　隐私权　58-59

rule-based reasoning in common law reasoning　普通法中基于规则的推理

  Alexander rule model　亚历山大的规则模型　9-12

  analogy-based reasoning　类比推理　7-8

   datasets for　数据集　7-8

   limitations of　局限　8

  in *Hernandez v. Hammond Homes, Ltd.*　埃尔南德斯诉哈蒙德住宅公司案　5-7

  similarity-based reasoning　基于相似性的推理　8-9

rules established from precedents　先例建立的规则

  contract law and　合同法　73-74

  dicta　附带意见　29-30

   authoritative rules and　权威规则　36-37

   legal statements as　法律表述　29

   as non-binding　无约束力　29-30

  distinguishing principle　作出区分原则　78-81

Alexander on 亚历山大 81

exceptions compared to 例外 80-81

fact-based 基于事实 78-79

hiving off new legal rules compared to 分离出新法律规则 80-81

rule-based 基于规则 79-80

Sherwin on 舍温 81

Donoghue v. Stevenson 多诺霍诉史蒂文森案 25-26

of evidence 证据 74-75

Federal Rules of Evidence 联邦证据规则 74-75

under hearsay rule 传闻规则 74-75

exceptions to 例外 73

distinguishing principle compared to 作出区分原则 80-81

inconsistent exceptions 不一致例外 76-78

hiving off new legal rules 分离出新法律规则 71-73

distinguishing principle compared to 作出区分原则 80-81

holdings 裁决 27-29, 32-33

Angel v. Murray 安杰尔诉默里案 28-29

Hadley v. Baxendale 哈德利诉巴克森代尔案 28-29

justfications for 正当性 31

ratio decidendi 判决理由 30-31

Rules Versus Standards (Kaplow) 《规则与标准》(卡普洛) 63
Sacks, Albert 艾伯特·萨克斯 27
Sampson, Margy 玛吉·桑普森 65-66
Samuelson, Pam 帕姆·塞缪尔森 39
Schauer, Frederick 弗雷德里克·肖尔 8, 31, 61, 70, 93-95
Seventh Circuit Rule 40 (e), stare decisis principle 第七巡回法院第40(e)条规则,遵循先例原则 22
Sharia law 伊斯兰教法 1
Sherlock v. Stillwater Clinic 舍洛克诉静水诊所案 106-108
Sherwin, Emily 埃米莉·舍温 7, 13, 43
    on analogy-based legal reasoning 类比法律推理 82-83
    on distinguishing principle 作出区分原则 81
similarity-based legal reasoning 基于相似性的推理 8-9
slippery slope reasoning 滑坡推理 93-95
    Roberson v. Rochester Folding Box Co. 罗伯逊诉罗切斯特折叠盒公司案 94-95
Slippery Slopes (Schauer) 《滑坡》(肖尔) 93-95
social morality, in legal reasoning 社会道德,在法律推理中 41-48
    definition and scope of 定义与范围 43-44
    judge's personal morality 法官的个人道德 42
    legal positivism and 法律实证主义 48-51
        reliance principle and 信赖原则 50

    tenets of 信条 49-50

    unconscionability principle and 显失公平原则 50

tort law and 侵权法 44-48

    duty of good faith principle 善意义务原则 47-48

    reliance principle in 信赖原则 45-46, 50

    Restatement of Contracts, Section 90 《合同法重述》第 90 条 45-46

    social policy 社会政策 44-45

    unconscionability principle in 显失公平原则 46-47, 50

social policy in legal reasoning 法律推理中的社会政策 41-48, 51-54

    in contract law 合同法 52-54

    Dworkin on 德沃金 54-55

    Gregory v. Cott 格雷戈里诉科特案 54

    in tort law 侵权法 44-45, 52-54

    Vasilenko v. Grace Family Church 瓦西连科夫诉格雷斯家庭教会案 53-54

standards. *See* legal standards 标准。参见法律标准

stare decisis principle 遵循先例原则

    Alexander on 亚历山大 17-18

    arguments against 反对观点 20-21

    in U. S. Courts of Appeals 美国联邦巡回上诉法院

32-33

 in common law　普通法　7, 9

  stability, as justfication for stare decisis　稳定性作为遵循先例的正当性　19-20

 definition of　定义　13

 horizontal　水平性的　21-22

  law-of-the-Circuit doctrine　巡回法院先例法律原理　22

 justifications for　正当性　15-20

  assessment of future legal impact　将未来法律影响考虑进来　16

  efficiency as　效率作为正当性　15-16

  fairness as　公平作为正当性　16-19

  precedent theory as　先例理论作为正当性　20

  stability of common law as　普通法的稳定性作为正当性　19-20

 limits on　限制　23

  Jurisdictional　管辖　23-24

  substantive　实质性　24

 Lyon on　莱昂斯　17, 18

 overruling and　推翻　98

 rule of law and　法治　20

 Seventh Circuit Rule 40(e)　第七巡回法院第40(e)条规则

22

    vertical 垂直性 21-22
Stone, Julius 朱利叶斯·斯通 25-26
substantive limits on stare decisis principle 遵循先例原则的实质性限制 24
Sunstein, Cass 卡斯·桑斯坦 7, 8, 83
syllogisms 三段论 86-88
The Textualization of Precedent (Tiersma) 《先例的字面化》(蒂尔斯玛) 26-27
Tiersma, Peter 彼得·蒂尔斯玛 26-27
tort law. *See also* contract law 侵权法。也可参见合同法
    Restatement (Second) of Torts 《侵权法重述》(第二次) 99-100
        social morality and 社会道德 44-48
        duty of good faith principle 善意义务原则 47-48
        reliance principle in 信赖原则 45-46, 50
    social policy 社会政策 44-45
    social policy in 社会政策 44-45, 52-54
unconscionability principle 显失公平原则 46-47, 50
Uniform Commercial Code 《统一商法典》 2, 46
United States (U. S.) 美国
    common law in 普通法 3-4
        ALI Principles[of Corporate Governance]... 美国

法学会《公司治理原则》 3-4
    Cukor v. Mikalauskus 丘克诉米卡洛斯库斯案 3-4
    Court of Appeals, stare decisis principle arguments in 上诉法院,遵循先例原则的观点 32-33
    Model Business Corporation Act 《模范商事公司法》 2
    private law in 私法 2-3
        nongovernmental organizations' role in 非政府组织的地位 2
United States v. Johnson 美国诉约翰逊案 33
U. S. *See* United States 参见美国
Valentine v. General American Credit, Inc. 瓦伦丁诉美国通用信贷公司案 11
Vasilenko v. Grace Family Church 瓦西连科夫诉格雷斯家庭教会案 53-54, 56
vertical stare decisis 垂直性遵循先例 21-22
Vincent v. Lake Erie Transportation Co. 文森特诉伊利湖运输公司案 90-92
Vitex Mfg. Corp. v. Caribtex Corp. 维泰克斯制造有限公司诉卡瑞布泰克斯公司案 11
Weinreb, Lloyd 劳埃德·温因雷布 7, 82, 83
Wesley-Smith, Peter 彼得·威斯利-史密斯 20-21
Williston, Samuel 塞缪尔·威利斯顿 39

致　谢

本书得益于很多人的贡献。哈里斯·哈茨法官(Harris Hartz)、我的老同事简·维特尔(Jan Vetter)、史蒂夫·罗斯(Steve Ross)教授阅读了全书或者许多章的草稿并进行评论,这些评论提升了本书的质量。法学院院长欧文·切梅里斯基(Erwin Chemerinsky),阅读了每章的草稿并且作了大量极好的评论,而且大多数评论都反映在本书中。两位匿名同行评审人阅读了定稿,也提出了大量极好的评价,其中大多数评论都帮助我在最终手稿中作出了重要的变更——我真希望能够指名感谢他们。在撰写本书的过去两年间,我先是得到了托尼·门迪西诺(Toni Mendicino)的帮助,近期得到詹妮弗·麦克布赖德(Jennifer McBride)的帮助。两位女士都非常棒。埃德娜·刘易斯(Edna Lewis)是加州大学伯克利分校法学院的咨询馆员,一直都为我提供问题的绝佳参考答案,而我原先认为,很多问题很可能是无法回答的。伯克利法学院信息技术部的蒙蒂·马格里(Montie Magree)提供了超乎想象的计算机技术支持,瑞安·坦(Ryan Tan)、劳拉·文图拉·莫雷诺(Laura Ventura Moreno)、阿拉利·马亚诺(Araly Majano)、葆拉·格罗蒂塔（Paola Gorrostieta）、玛丽·坦（Mary Tan）、米拉·卡索罗（Mila Carsolo）和明娜·恩里克（Mina Enrique）也给予我热心的支持。如果没有托尼（Toni）、珍妮弗（Jennifer）、蒙蒂（Montie）、葆拉（Paola）、阿拉利（Araly）、劳拉（Laura）、玛丽（Mary）、米拉（Mila）和明娜（Mina）的帮助，我是不可能写出这本书的。

法律人进阶译丛

⊙ **法学启蒙**

《法律研习的方法：作业、考试和论文写作（第10版）》，〔德〕托马斯·M.J.默勒斯 著，2024年出版

《如何高效学习法律（第8版）》，〔德〕芭芭拉·朗格 著，2020年出版

《如何解答法律题：解题三段论、正确的表达和格式（第11版增补本）》，〔德〕罗兰德·史梅尔 著，2019年出版

《法律职业成长：训练机构、机遇与申请（第2版增补本）》，〔德〕托尔斯滕·维斯拉格 等著，2021年出版

《法学之门：学会思考与说理（第4版）》，〔日〕道垣内正人 著，2021年出版

⊙ **法学基础**

《法律解释（第6版）》，〔德〕罗尔夫·旺克 著，2020年出版

《法律推理：普通法上的法学方法论》，〔美〕梅尔文·A.艾森伯格 著，2025年出版

《法理学：主题与概念（第3版）》，〔英〕斯科特·维奇 等著，2023年出版

《基本权利（第8版）》，〔德〕福尔克尔·埃平 等著，2023年出版

《德国刑法基础课（第7版）》，〔德〕乌韦·穆尔曼 著，2023年出版

《刑法分则I：针对财产的犯罪（第21版）》，〔德〕伦吉尔 著，待出版

《刑法分则II：针对人身与国家的犯罪（第20版）》，〔德〕伦吉尔 著，待出版

《民法学入门：民法总则讲义·序论（第2版增订本）》，〔日〕河上正二 著，2019年出版

《民法的基本概念（第2版）》，〔德〕汉斯·哈腾豪尔 著，待出版

《民法总论》，〔意〕弗朗切斯科·桑多罗·帕萨雷里 著，待出版

《德国民法总论（第44版）》，〔德〕赫尔穆特·科勒 著，2022年出版

《德国物权法（第32版）》，〔德〕曼弗雷德·沃尔夫 等著，待出版

《德国债法各论（第16版）》，〔德〕迪尔克·罗歇尔德斯 著，2024年出版

⊙ **法学拓展**

《奥地利民法概论：与德国法相比较》，〔奥〕伽布里菈·库齐奥 等著，2019年出版

《所有权的终结：数字时代的财产保护》，〔美〕亚伦·普赞诺斯基 等著，2022年出版

《合同设计方法与实务（第3版）》，〔德〕阿德霍尔德 等著，2022年出版

《合同的完美设计（第5版）》，〔德〕苏达贝·卡玛纳布罗 著，2022年出版

《民事诉讼法（第4版）》，〔德〕彼得拉·波尔曼 著，待出版
《德国消费者保护法》，〔德〕克里斯蒂安·亚历山大 著，2024年出版
《公司法的精神：欧陆公司法的核心原则》，〔德〕根特·H. 罗斯 等 著，2024年出版
《日本典型担保法》，〔日〕道垣内弘人 著，2022年出版
《日本非典型担保法》，〔日〕道垣内弘人 著，2022年出版
《担保物权法（第4版）》，〔日〕道垣内弘人 著，2023年出版
《日本信托法（第2版）》，〔日〕道垣内弘人 著，2024年出版
《医师法讲义》，〔日〕大谷实 著，2024年出版

⊙ 案例研习

《德国大学刑法案例辅导（新生卷·第三版）》，〔德〕埃里克·希尔根多夫著，2019年出版
《德国大学刑法案例辅导（进阶卷·第二版）》，〔德〕埃里克·希尔根多夫著，2019年出版
《德国大学刑法案例辅导（司法考试备考卷·第二版）》，〔德〕埃里克·希尔根多夫著，2019年出版
《德国民法总则案例研习（第5版）》，〔德〕尤科·弗里茨舍 著，2022年出版
《德国债法案例研习I：合同之债（第6版）》，〔德〕尤科·弗里茨舍 著，2023年出版
《德国债法案例研习II：法定之债（第3版）》，〔德〕尤科·弗里茨舍 著，待出版
《德国物权法案例研习（第4版）》，〔德〕延斯·科赫、马丁·洛尼希著，2020年出版
《德国家庭法案例研习（第13版）》，〔德〕施瓦布著，待出版
《德国劳动法案例研习：案例、指引与参考答案（第4版）》，〔德〕阿博·容克尔 著，2024年出版
《德国商法案例研习（第3版）》，〔德〕托比亚斯·勒特 著，2021年出版
《德国民事诉讼法案例研习：审判程序与强制执行（第3版）》，〔德〕多萝特娅·阿斯曼著，2024年出版

⊙ 经典阅读

《法学方法论（第4版）》，〔德〕托马斯·M. J. 默勒斯 著，2022年出版
《法学中的体系思维与体系概念（第2版）》，〔德〕克劳斯-威廉·卡纳里斯 著，2024年出版
《法律漏洞的确定（第2版）》，〔德〕克劳斯-威廉·卡纳里斯 著，2023年出版
《欧洲合同法（第2版）》，〔德〕海因·克茨 著，2024年出版
《民法总论（第4版）》，〔德〕莱因哈德·博克著，2024年出版
《合同法基础原理》，〔美〕麦尔文·A. 艾森伯格 著，2023年出版
《日本新债法总论（上下卷）》，〔日〕潮见佳男 著，待出版
《法政策学（第2版）》，〔日〕平井宜雄 著，待出版